Korsika

Vorwort

Reisen, fotografieren und Neues entdecken. Das ist meine Leidenschaft, der ich voller Begeisterung nachgehe. Die schönsten Ziele, Strände und Sehenswürdigkeiten, die ich während meiner vielen tausend Kilometer auf Korsika entdeckte, sind in diesem Buch zusammengefasst. Die Fotos sollen Ihnen dabei einen ersten Eindruck vermitteln, Lust auf „mehr" machen, jedoch noch genügend Freiraum für eigene Entdeckungstouren lassen. Besonders gut lässt sich Korsika mit dem Auto erkunden. Aber auch alle anderen Reisenden werden hier viele Tipps finden, die den Urlaub noch schöner machen. Ich wünsche Ihnen eine schöne und genussvolle Reise!

Ihr Ralph von Bordelius

Inhaltsverzeichnis

Hinweise zum Buch

In diesem Reiseführer möchte ich Ihnen die wichtigsten Ziele und Sehenswürdigkeiten auf Korsika vorstellen. Hierzu gibt es insgesamt 66 Ziele, die einzeln beschrieben werden und sich im Buch immer wieder finden. Bei den Zielen kann es sich u.a. um besonders schöne Küstenorte, malerisch gelegene Bergdörfer, tolle Panoramastraßen, aussichtsreiche Wanderungen oder traumhafte Strände handeln. Anhand der mit Fotos und Text beschriebenen Einzelziele lässt sich die Reise bereits im Vorfeld gut planen. Diese Ziele lassen sich nach eigenen Wünschen individuell zu verschiedenen Tagestouren oder auch einer kompletten Rundreise auf Korsika zusammenfügen. Für eine bessere Übersicht sind die 66 Einzelziele auf die Gebiete "Nordosten", "Nordwesten", "Südwesten" und "Südosten" unterteilt. Zur optimalen Reiseplanung gibt es zu allen 66 Einzelzielen eine Anfahrtsbeschreibung und eine entsprechende Positionsnummer auf einer der Übersichtskarten. Jedes dieser Einzelziele endet mit dem Hinweis, mit welchen anderen Zielen dieses Ziel gut verbunden werden kann. Dies ist insbesondere im Inselinneren wichtig, da teilweise nebeneinander liegende Ziele, wie (13) und (33), durch die Berge mit dem Auto nur über einen großen Umweg zu erreichen sind.

Im Buch sind zusätzlich noch 12 ausgearbeitete Autotouren beschrieben. Jede Tour besitzt mehrere Höhepunkte. So lassen sich die beschriebenen Einzelziele besonders gut entdecken und miteinander kombinieren. Je nach persönlichen Wünschen können die Touren natürlich individuell anhand der Einzelziele oder persönlicher Vorlieben abgeändert oder erweitert werden. Besonders hilfreich ist es, zuerst den kleinen Geschichtsteil über Korsika zu lesen. Hier gibt es zahlreiche Querverweise und Hintergrundinformationen, die die Geschichte Korsikas besonders interessant und hautnah erleben lassen. Informationen über die beste Reisezeit, Hinweise zu Wanderungen auf Korsika, einen "Minimal-Wortschatz", sowie ein "Kulinarisches Wörterbuch" und eine Seite mit wichtigen Informationen, Telefonnummern und Adressen für den Notfall, sind in diesem Reiseführer ebenfalls enthalten. Die Notfallseite stellt hier nur die wichtigsten Informationen für Notfälle bereit, um Hilfe zu organisieren. Da sich Kontaktdaten schnell ändern können und wir zudem Informationsfehler trotz sorgfältiger Recherche nicht ausschließen können, empfehlen wir insbesondere diese Daten vor der Reise nochmals zu überprüfen und nach Korsika mitzunehmen. Anhand der Übersicht der 66 Einzelziele auf den Seiten 174 und 175 lässt sich leicht ablesen, was es bei welchem Einzelziel zu sehen gibt. Wenn man die Spalte von Ziel (1) von oben nach unten liest, zeigen die weißen Punkte in der Tabelle an, dass bei diesem Ziel etwas zu einem schönen Aussichtsziel, eine Campingplatzempfehlung, etwas zur Geschichte Korsikas und zu einem Ort beschrieben ist. Wer z.B. etwas zu "Strände" sucht, liest links in der Zeile unter "Strände" und sieht dann rechts, anhand der weißen Punkte, bei welchem der 66 Einzelziele etwas hierüber beschrieben ist.

Das Wichtigste in Kürze

Korsika besitzt ca 1.050 km Küstenlinie und ist mit 8.720 km² nach Sizilien, Sardinien und Zypern die viertgrößte Insel im Mittelmeer. Auf der zu Frankreich gehörenden Insel leben ca. 310.000 Einwohner. Korsika ist eine autonome Insel Frankreichs. Die Hauptstadt ist Ajaccio. Die Verwaltung der Insel ist in die beiden Départements Haute-Corse und Corse du Sud aufgeteilt.

Die Insel ist ca. 183 km lang und ca. 83 km breit. Der Golo ist mit seinen 84 km der längste Fluss auf Korsika. Mit den etwa 50 Zweitausendern wird Korsika auch als das „Gebirge im Meer" bezeichnet. Dadurch ist die Insel auch bei Wanderern überaus beliebt. Die Westküste Korsikas ist sehr zerklüftet und bergig. An der Ostküste hingegen ist die Insel eher flach. Durch die kilometerlangen Sandstrände, an denen sich auch viele FKK-Resorts befinden, ist dieser Teil besonders bei Badeurlaubern beliebt. Der Mix aus traumhaften Stränden, schönen Berg- und Küstendörfern sowie den Bergen macht Korsika besonders bei Individualreisenden zu einem sehr attraktiven Reiseziel.

Wenn man mit dem Auto auf Korsika unterwegs ist, sollte man darauf gefasst sein, dass sich besonders in den vielen ländlichen Gegenden auch Wildschweine auf den Straßen befinden können. Durch die vielen Berge mit den kurvenreichen Straßen ist die Insel auch bei Motorradfahrern sehr beliebt. Die Straßen haben auf Korsika alle eine Bezeichnung, wie z.B. D80 oder N193. Um sich auf Korsika gut zurecht zu finden, empfehlen wir eine gute Straßenkarte, in der die Straßenbezeichnungen eingetragen sind. Zu beachten ist, dass an Tankstellen in der Regel nicht mit deutschen Kreditkarten gezahlt werden kann!

Auf Korsika ist wildcampen verboten. Dafür gibt es sehr viele Campingplätze. Wer mit dem Zelt oder einem kleinen Wohnmobil unterwegs ist, wird das zu schätzen wissen. Mit größeren Wohnmobilen wird man sich auf Korsika leider schwer tun. Die Straßen sind manchmal recht schmal und die Parkplätze sind häufig mit einer Höhenbegrenzung als Einfahrtsbarriere versehen.

Besonders im Juli und August ist viel los auf Korsika. In diesen Monaten sollten die Unterkünfte unbedingt vorher gebucht werden. Außer in den Restaurants ist von 12:00-14:00 Uhr Mittagspause auf der Insel. Als Reiseziel ist Korsika leider recht teuer. In den Restaurants wird häufig auch ein Menü angeboten, welches im Verhältnis zum à la Carte Essen recht günstig ist. Eine schöne Alternative kann auch ein Picknick sein.

Auf Korsika wird oft nur französisch gesprochen. Die Beschreibungen an vielen Sehenswürdigkeiten sind ebenfalls oft nur in französischer Sprache angebracht. Gezahlt wird in Euro. Geld bekommt man am besten mit der EC-Karte am Geldautomaten. Es gibt kaum öffentliche Internet-Cafés auf Korsika.

DER NORDOSTEN

Küstenort Bastia

(1)

Kurzbeschreibung:
Bastia ist mit seinen ca. 43.500 Einwohnern der Hauptknotenpunkt, um per Schiff oder Flugzeug nach Korsika zu reisen.

Anfahrt: (GPS: 42°42'06" N und 09°27'09" E)
Direkt am Fährhafen liegt der „Place Saint-Nicolas" mit einem Parkplatz. Von hier lässt sich Bastia sehr gut zu Fuß erkunden.

In der Mitte des „Place Saint-Nicolas" steht das imposante von Palmen umrahmte Napoleon-Denkmal. In den verschiedenen Cafés und Bars am Platz kann man dem Treiben zusehen.
Diesen verlässt man schließlich auf einer der kleinen Sträßchen in südlicher Richtung und gelangt nach ca. 400 m zum alten Stadthafen mit der Kirche „St.-Jean Baptist".

Der Flughafen von Bastia liegt etwa 20 km südlich vom Stadtzentrum. Etwa 750 m südöstlich des Flughafens steht die im 12. Jh. erbaute Kathedrale „La Canonica" aus Pisanischer Zeit. Etwa 750 m nördlich von der Kathedrale gründeten die Römer bereits um 100 v. Chr. die Siedlung Mariana. Zwischen Bastia und dem Flughafen liegt die ca. 1.600 ha große und unter Naturschutz stehende Lagune „Étang de Biguglia".

Aussichtstipp:
Den schönsten Blick über die Stadt genießt man vom 961 m hohen Hausberg „Gerra di Pigno".

Geschichte:
An der Nordost-Ecke des großen, am Fährhafen gelegenen „Place Saint-Nicolas", wurde der Turm des über 92 m langen U-Boots „Casabianca" als Denkmal errichtet. Mit diesem U-Boot wurden in der Nacht vom 06.02.1943 auf den 07.02.1943 am Strand von Arone (38) Waffen und 100 Elitesoldaten an Land gebracht, um den korsischen Widerstand gegen die 80.000 italienischen und später auch deutschen Soldaten auf Korsika zu unterstützen. Bastia wurde im Zweiten Weltkrieg zuerst von den deutschen und italienischen Truppen eingenommen und wenig später von den Amerikanern wieder befreit.

Unterkunftstipp:
- Das Hotel „l' Alivi" hat eine schöne Sonnenterrasse und liegt nur etwa 1,5 km nördlich vom Hafen Bastia direkt am Meer. www.hotel-alivi.com Tel.: 0495 550 000
- In der Altstadt in der Nähe des „Place Saint-Nicolas" befindet sich das „Hotel Central" in einem alten Stadthaus. www.centralhotel.fr Tel.: 0495 317 112

Campingtipp:
Etwa 9 km südlich von Bastia liegt der Campingplatz „San Damiano" auf dem schmalen Landstreifen, der das Meer vom Lagunensee trennt. www.campingsandamiano.com Tel.: 0495 336 802

Gut zu verbinden mit: 2, 3, 4, 5, 6, 7, 8

Kurzbeschreibung:

Kleiner Küstenort mit verwinkelten Gässchen, der sich für eine erste Pause während der Fahrt entlang des Cap Corse anbietet.

Anfahrt: (GPS: 42°46'29" N und 09°28'29" E)

Von Bastia (1) aus fährt man die Küstenstraße D80 für ca. 9 km nach Norden an Miomo und Lavasina vorbei bis in den kleinen Küstenort Erbalunga. Kurz vor Erbalunga fällt auf der linken Seite ein verlassenes, mehrstöckiges Gebäude mit der Aufschrift „Glacières de Brando" auf. Hier wurde früher Schnee aus den Bergen zwischengelagert, um die Brunnen in Bastia zu kühlen und so das Brunnenwasser haltbarer zu machen. Bereits am Ortseingang in Erbalunga hat man einen schönen Blick auf den kleinen Fischerort. Etwa in der Ortsmitte gibt es einen großen Parkplatz auf der linken Seite beim Hotel „Castel Brando". Dies ist ein guter Ausgangspunkt, um die kleinen Gassen auf der gegenüberliegenden Straßenseite zu erkunden.

Im autofreien Ortskern entdeckt man immer wieder schöne Fotomotive, während man die malerischen Gassen und Winkel mit zahlreichen Natursteinfassaden im Ort erkundet. Es gibt kleine Plätze, die mit Cafés oder Restaurants zum Verweilen einladen. Durch den felsigen Untergrund wurden die Häuser hier besonders dicht ans Meer gebaut. Am äußersten Ende der ins Meer ragenden Felszunge steht ein wuchtiger und teilweise zerstörter Genueserturm.

Unterkunftstipp:

Im Ort Sisci liegt ein im mediterranen Stil gehaltenes Landhaus. Es verfügt neben einigen Zimmern über eine schöne Terrasse, sowie einen nierenförmigen Außenpool. Da die überwiegend französisch sprechenden Gäste meist alle an einem großen Tisch speisen, sind Französischkenntnisse von Vorteil. Von Erbalunga fährt man auf der Küstenstraße 5 km in nördlicher Richtung und biegt dort nach links auf die D32 in Richtung Sisco ab. Nach ca. 2 km muß man links in die „Caravaggia" Straße einbiegen und erreicht das Landhaus auf der linken Seite.

Adresse:
La Ferme U San Martinu
Marine de Sisco
F - 20233 Sisco

Kontakt:
Tel.: 0495 352 578
usanmartinu@wanadoo.fr
www.ferme-usanmartinu.com

Hinweise:

Wer zur Fahrt um das Cap Corse mit dem Auto aufbricht, sollte genug Sprit im Tank haben. Es gibt kaum Geldautomaten und Tankstellen am Cap Corse. Eine Autofahrt um das Cap Corse lässt sich in einem Tag durchführen. Man sollte jedoch frühzeitig aufbrechen, um sich den einen oder anderen Ort auch in Ruhe ansehen zu können.

Gut zu verbinden mit: 1, 3, 4, 5, 6, 7

Kurzbeschreibung:

Fischrestaurants, pastellfarbene Häuser und bunte Fischerboote verleihen dem idyllisch in den Ort eingebetteten Hafen ein besonderes Flair.

Anfahrt: (GPS: 42°57'53" N und 09°20'53" E)

Von Erbalunga (2) an der Ostküste folgt man der Küstenstraße D80 nach Norden und erreicht nach ca. 27 km Macinaggio mit seinem großen Yachthafen. Hier folgt man der Straße ins Landesinnere in Richtung Westküste des Cap Corse. Etwa 12 km nach Macinaggio kann man auf steinigem Weg in ca. 10 Min. zur alten Windmühle „Moulin Mattei" aufsteigen. Von hier aus genießt man einen tollen Ausblick auf die Küste und Port de Centuri. Der Parkplatz zum Aufstieg befindet sich an der D80 in einer Haarnadelkurve, unterhalb einiger Windkraftanlagen. Von hier geht es ca. 7 km auf teilweise schmalen Straßen hinab bis nach Port de Centuri mit dem schönen Fischerhafen. Das Auto parkt man am besten auf dem Parkplatz am Ortseingang und erkundet den Ort zu Fuß.

Der Fischerort ist vor allem durch seine Langustenfischerei bekannt. Langusten unterscheiden sich vom Hummer vor allem durch das Fehlen der großen und kräftigen Scheren. Dafür besitzen die Langusten sehr lange Fühler, die auch Antennen genannt werden. Beide Tiere können ein Gewicht von mehreren Kilogramm erreichen.

Neben Langusten werden in den Fischrestaurants rund um den Hafen auch Hummer und andere Fischspezialitäten angeboten. Wer frischen Fisch essen möchte, ist hier genau richtig. Der malerische Fischerhafen mit seinen vielen bunten Fischerbooten zählt zu den schönsten auf ganz Korsika. Ein Spaziergang rund um das Hafenbecken und durch die angrenzenden Gässchen ist sehr zu empfehlen.

Einkaufstipp:

Wer Fisch selbst zubereiten möchte, kann am Hafen in Port de Centuri in einem etwas versteckt gelegenen kleinen Fischladen Meerestiere kaufen. Hierzu muss man nach einem blauen Schild mit weißer Aufschrift „Poissonnerie" Ausschau halten.

Um die Fahrt entlang des Cap Corse fortzusetzen, kann man von Port de Centuri auf der D35 direkt nach Baragogna fahren und gelangt dort wieder auf die D80. Etwa 3 km südlich von dieser Stelle befindet sich ein schöner Strand in einer kleinen Bucht am Capu Carvoli. Hier beginnt der kurvenreichste und beeindruckendste Abschnitt der Küstenstraße. Es geht in südlicher Richtung an Pino und Marinca vorbei, bis ca. 7 km südlich von Marinca die kleine D233 ins 1 km entfernte Ogliastro abzweigt. Wer noch genug Zeit hat, kann sich das kleine, malerisch am Hang liegende Bergdorf ansehen.

Gut zu verbinden mit: 1, 2, 4, 5

Küstenort Nonza

Kurzbeschreibung:
Ein schöner Turm ist das Wahrzeichen von Nonza.

Anfahrt: (GPS: 42°47'06" N und 09°20'41" E)
Nonza mit seinem gut erhaltenen markanten Turm liegt ca. 11 km südlich von Marinca an der Westküste des Cap Corse. Auf halber Strecke fällt eine verlassene mehrstöckige Industrieruine auf. Hier wurde bis ins Jahr 1965 Asbest abgebaut.

Bereits bei der Anfahrt fällt der große Turm mit seinem quadratischem Grundriss hoch oben über dem Meer ins Auge. Vom kleinen Dorfplatz mit einer netten Bar und der Barockkirche „Sainte-Julie" erreicht man den Turm durch kleine Treppengassen.

Geschichte:
Im Jahre 1768 verschanzte sich der Hauptmann Giacomo Casella von General Paoli im Turm von Nonza und leistet als einer der Letzten erbitterten Widerstand. Seine Soldaten hatten, angesichts der ausweglosen Situation durch die Übermacht der Franzosen, bereits das Weite gesucht und ihm die Gewehre überlassen. Als das französische Heer dem Turm immer näher rückte, hatte der listige Hauptmann die Gewehre bereits geschickt in den verschiedenen Schießscharten im Turm positioniert und feuerte alle mehr oder weniger gleichzeitig ab. Die Franzosen vermuteten eine große Zahl an Soldaten im Turm und waren aufgrund der schwierigen Lage zu Verhandlungen bereit. Hauptmann Casella bot an, sich zu ergeben, wenn man ihm und seinen Soldaten freien Abzug gewährt. Die Franzosen willigten ein und staunten nicht schlecht, als der Hauptmann alleine den Turm verließ. Sie hielten Wort und gaben ihm freies Geleit.

Restauranttipp:
Oben beim Turm befindet sich das Restaurant „La Sassa". Abends lassen sich von hier beeindruckende Sonnenuntergänge genießen, bevor das Restaurant mit einem stilvollen Außenbereich und leckeren Speisen in stimmungsvolles Licht gehüllt wird. Der perfekte Ort, um eine Fahrt um das Cap Corse zu beenden. Reservierung unter Tel.: 0495 385 526

Strandtipp:
- Achtung: Am grauen Strand von Nonza und dem etwas nördlich gelegenen Strand von Albo wird aufgrund von Asbestrückständen vom Baden abgeraten!
- Etwa 8 km südlich von Nonza befindet sich ein Sandstrand beim Hotel / Restaurant „L'Ambada"

Hinweise:
- Der Turm kann nicht bestiegen werden
- Im Turm bietet ein Künstler seine verschiedenen Waren an

Gut zu verbinden mit: 1, 2, 3, 5, 6, 7

Küstenort Saint-Florent

Kurzbeschreibung:

Durch den Charme des Yachthafens, die Promenade und die kleinen Gässchen wird der Ort auch als das Saint Tropez von Korsika bezeichnet.

Anfahrt: (GPS: 42°40'49" N und 09°18'08" E)

Von Nonza (4) aus fährt man auf der D80 für ca. 14,5 km in südliche Richtung bis nach Santa-Maria. Dort biegt man rechts auf die D81 und erreicht nach weiteren 4,5 km Saint-Florent. Von Bastia (1) aus ist es etwas schwierig die richtige Straße über die Berge zu finden. Im Süden der Stadt muss man der D264 in die Berge folgen und gelangt dann auf der D81 über Santa-Maria nach Saint-Florent. Eine gute Karte ist hier von Vorteil.

Das Leben spielt sich in Saint-Florent am Yachthafen und in den wenigen umliegenden Gassen ab. Hier kann man sehr schön entlang flanieren, in einem der zahlreichen Restaurants etwas essen oder einfach dem Treiben zusehen. Durch den Reiz, den der Ort auf viele Touristen ausübt, kann es hier besonders in der Hauptsaison etwas lebendiger zugehen. Mittwochs findet im Bereich des Hafens immer ein Krämermarkt statt.

Strandtipp:

Südlich vom Hafen gelegen befindet sich ein Sandstrand. Die schönen Sandstrände „Plage du Lotu" und „Plage de Saleccia" sind per Boot (6) vom Hafen in Saint-Florent aus zu erreichen.

Geschichte:

Der Ort wurde von den Genuesern im 15. Jh. gegründet. Aus dieser Zeit stammt auch die 1440 erbaute Zitadelle oberhalb des Hafens. Zitadellen sind kleine, in sich abgeschlossenen Festungen und wurden innerhalb der Stadt oder auch innerhalb einer größeren Festung gebaut. Sie dienten früher den Bewohnern im Falle eines Überfalls durch feindliche Truppen auf die Stadt als letzten Rückzugsort. Große Probleme bereitete früher auch das sumpfige Gebiet bei der Aliso-Mündung, in dem sich die Malariamücke ausbreitete. Durch sie kamen viele Menschen ums Leben. Erst durch die Trockenlegung der Sümpfe im 19. Jahrhundert gelang es, die Mückenplage in den Griff zu bekommen. Die Einwohnerzahlen stiegen wieder an.

Restauranttipp:

Besonders schön sitzt man im „Tchin-Tchin", direkt am Hafen am Ende der Promenade. Mit etwas Glück kann man einen der begehrten Plätze auf der Hafenmauer ergattern. Das Restaurant bietet Menüs zu einem guten Preis-Leistungsverhältnis an.

Unterkunftstipp:

Die kleine Appartementanlage „La Citadelle Appartements" liegt in schöner Aussichtslage etwas außerhalb von Saint-Florent. www.lacitadelleappartementssaintflorent.com Tel.: 0613 616 758

Gut zu verbinden mit: 1, 2, 3, 4, 6, 7, 8, 17

Kurzbeschreibung:
Die Strände sind nur per Boot zu erreichen und lassen sich durch eine schöne Küstenwanderung miteinander verbinden.

Anfahrt: (GPS: 42°40'49" N und 09°18'08" E)
Von Nonza (4) aus fährt man auf der D80 für ca. 14,5 km in südlicher Richtung bis nach Santa-Maria. Dort biegt man rechts auf die D81 und erreicht nach weiteren 4,5 km Saint-Florent (5). Die Fahrkarten für die Ausflugsboote kann man direkt am Hafen in der Nähe des Hafenparkplatzes erwerben. Dort befindet sich auch der Zugang zu den Booten. Die Abfahrtszeiten beginnen je nach Veranstalter ab ca. 8:30 Uhr. Die Boote fahren mehrmals am Tag die Sandstrände an und holen die Urlauber von den Stränden ab.

Wenn die Boote am Steg bei den Stränden anlegen, kann man entweder direkt zum nahegelegenen Lotu Strand laufen oder eine schöne Küstenwanderung zum Strand Saleccia unternehmen. An beiden Stränden kann es Seetanganschwemmungen geben. Wer bereits am Hafen ein Zusatzticket gekauft hat, kann auch mit der Pferdekutsche zum Strand von Saleccia fahren.

Wandertipp:
Von der Anlegestelle aus gibt es eine schöne Küstenwanderung. In ca. 1,5 Std. gelangt man zum Saleccia Strand. Vom Steg folgt man rechts dem schmalen Pfad, der sich an der Küste entlang durch Macchia und dichtes Buschwerk schlängelt. Nach kurzer Zeit passiert man eine kleine idyllisch gelegene Bucht mit einem Ferienhäuschen. Der teilweise sandige Pfad wird durch herrlich duftende und schattenspendende Pinien zu einem Genusspfad für die Sinne. Nachdem man das Pinienwäldchen verlassen hat, wird es felsiger, bis man den Saleccia Strand erreicht. Wer möchte, kann die gleiche Strecke zurück zum Lotu Strand wählen. Alternativ kann man den Saleccia Strand, etwa im Bereich der Strandmitte, verlassen und trifft dort auf einen markierten Pfad, der in ca. 45 Min. zurück zum Lotu Strand führt. Man sollte sich unbedingt vorher erkundigen, wann die Boote wieder zurück fahren, um das letzte Boot nicht zu verpassen.

Die Wanderung ab Saint-Florent zu beginnen, ist nicht zu empfehlen, da man bereits bis zum Lotu Strand ca. 4 Std. Gehzeit einplanen muß. Zum Strand von Saleccia sind es nochmals ca. 1,5 Std. Die angegebenen Zeiten beziehen sich auf die einfache Wegstrecke.

Strandtipp:
Wenn man am Lotu Strand vorbei an der Küste entlang Richtung Saint-Florent läuft, erreicht man nach ca. 700 m eine kleine unbekanntere Traumbucht.

Gut zu verbinden mit: 1, 2, 4, 5, 7, 17

8

Kirche San Michele in Murato

Kurzbeschreibung:
Die schachbrettartig gemusterte Kirche mit den in Stein gehauenen Motiven bildet ein schönes Fotomotiv.

Anfahrt: (GPS: 42°35'11" N und 09°20'05" E)
Saint-Florent (5) verlässt man auf der D81 in südliche Richtung und biegt bereits nach etwa 1 km links auf die D82 Richtung Oletta ab. Nach ca. 7 km erreicht man das am Hang liegende schöne Bergdorf Oletta und folgt der D82 weiter über Olmeta di Tuda. Von hier fährt man auf der D5, bis man nach weiteren ca. 8 km die markante Kirche, etwas vor Murato außerhalb der Ortschaft gelegen, erreicht. Auf diesem Abschnitt kann man traumhafte Panoramaausblicke bis nach Saint-Florent genießen.

Geschichte:
Die romanische Kirche stammt aus der pisanischen Zeit und wurde um 1280 n. Chr. erbaut. In dieser Zeit dienten die Kirchen nicht nur religiösem Zweck, sondern sie waren auch für die Rechtsprechung und das Steuerwesen zuständig.
Im Ort Murato wurden während der Regierungszeit Paolis (1755-1769) die ersten korsischen Münzen als weiteres Zeichen der Unabhängigkeit geprägt.

Der Einfluss von Pisa spiegelte sich auch in der Architektur wieder. Die Baumeister vom italienischen Festland brachten einen neue Baustil mit auf die Insel. Das Mauerwerk der Kirche besteht aus dem dunkelgrünen Serpentinstein und dem helleren Kalkstein. Beide Steine sind relativ weich, sodass sie sich hervorragend bearbeiten lassen. Es wurden zahlreiche Verzierungen und Motive in die Außenfassade eingearbeitet. Bei genauem Hinschauen wird man die eine oder andere bekannte Bibelstelle entdecken. So ist z.B. zu erkennen, dass Eva mit der einen Hand ihre Scham bedeckt und die andere Hand in Richtung Paradiesbaum mit den Früchten und der Schlange streckt. Die Schlange hält bereits einen paradiesischen Apfel im Maul. Neben weiteren Szenen sind auch viele Ornamente und Tiere, wie Vögel, Pferde und Schlangen dargestellt. Über die genaue Bedeutung aller Motive sind sich die Kunsthistoriker noch nicht einig.

Der auf Säulen stehende Glockenturm wurde erst im 19 Jh. renoviert und bei dieser Gelegenheit auch gleich erhöht. Seitdem stimmen die Proportionen der Kirche nicht mehr so harmonisch überein.

Die Kirche ist meistens leider verschlossen. Dies ist jedoch nicht weiter schlimm, da das eigentlich Sehenswerte an San Michele das äußere Erscheinungsbild ist. Der Innenraum der Kirche hingegen ist eher schlicht gehalten.

Gut zu verbinden mit: 1, 2, 4, 5, 6, 8, 17

Bergdorf Lento

Kurzbeschreibung:

Traumhafte Ausblicke auf das abgeschieden gelegene Lento kann man von der Panoramastraße durch die Berge genießen.

Anfahrt: (GPS: 42°31'19" N und 09°16'58" E)

Von der Kirche San Michele in Murato (7) bleibt man auf der D5 und fährt zunächst durch Murato. Die kurvenreiche Straße wird teilweise deutlich schmäler und führt durch eine nicht besiedelte Berglandschaft Korsikas. Etwa 10 km nach Murato hat man einen ersten Blick auf das einsam in der weiten Berglandschaft liegende kleine Bergdorf Lento im Nebbio. Nach weiteren 3 km mit grandioser Aussicht erreicht man einen kleinen Weiler. Kurz nachdem man die ersten Häuser passiert hat, muss man scharf rechts abbiegen, um auf der D5 das 3 km entfernte Bergdorf Lento zu erreichen. Die Fahrt in das abgelegene Lento und seine besondere Lage sind das eigentliche Ziel. Im kleinen Ort gibt es, außer der renovierten Kirche Sainte Marie Madeleine, nicht allzu viel zu sehen. Kurz nach Lento muß man sich an der Straßengabelung links halten, um auf der D5 zu bleiben und erreicht nach ca. 9 km die Hauptstraße N193 bei Ponte Novu. Mit seiner zerstörten und bis heute nicht wieder aufgebauten Brücke über den Golo, dem längsten Fluss auf Korsika, ist Ponte Novu in der korsischen Geschichte ein bedeutender Ort. Von der Kirche in Murato sind es ca. 27 km bis zur N193 bei Ponte Novu. Wenige Meter, bevor man auf die N193 trifft, muss man rechts abbiegen und erreicht die Brücke nach ca. 200 m auf der linken Seite.

Geschichte:

Nach fast 500 jähriger Fremdherrschaft durch die Genueser gelingt es Korsika, sich durch den Unabhängigkeitskrieg von 1729-1755 unter General Pascal Paoli, von Genua zu lösen und endlich unabhängig zu sein. Dieser Erfolg soll jedoch nicht von Dauer sein. Das geschwächte Genua, das die Macht auf der Insel verloren hat, verkauft am 15.05.1768 im Vertrag von Versailles die Rechte an Korsika an Frankreich. Erneut müssen die Korsen für ihre Unabhängigkeit kämpfen. Nach nur 14 Jahren Unabhängigkeit müssen sich die Korsen am 08.05.1769 in der Schlacht bei Ponte Novu gegen die viel größere und besser ausgerüstete französische Armee geschlagen geben. Paoli flüchtet daraufhin ins Exil nach London, wo er 21 Jahren verbringt. Die Brücke aus genuesischer Zeit, die bei Ponte Novu den Golo-Fluss überspannte, wurde erst im Zweiten Weltkrieg von deutschen Truppen zerstört.

Hinweise:

Da die Straßen durch die abgelegene Berglandschaft Korsikas teilweise recht eng sind, ist diese Tour zum einsam gelegenen Bergdorf Lento für größere Wohnmobile nicht zu empfehlen. Gutes Kartenmaterial und genug Sprit im Tank sind für diesen Abstecher notwendig.

Gut zu verbinden mit: 1, 5, 7, 9, 10, 11, 15, 16, 17

Klosterruine von Orezza

Kurzbeschreibung:
Im Kloster von Orezza wurde am 06.01.1735 auf der Volksversammlung die Unabhängigkeit Korsikas ausgerufen.

Anfahrt: (GPS: 42°22'56" N und 09°21'56" E)
Von Ponte Novu (8) aus biegt man nach rechts auf die N193 ab und fährt zunächst ins ca. 7,5 km entfernte Ponte Leccia mit dem Knotenpunkt der korsischen Eisenbahn. Von hier folgt man der D71, bis man nach etwa 14 km Morosaglia und den Ortsteil Stretta mit dem Geburtshaus von Pascal Paoli erreicht. Nach einem Besuch des Paoli Museums im Geburtshaus fährt man für weitere 5 km auf der D71, bis man eine Abzweigung nach links auf die D205 nach La Porta erreicht. Dieser folgt man und ist nach ca. 6,5 km im schönen, in der Castagniccia gelegenen Ort La Porta mit der Barockkirche St-Jean Baptiste. Die Kirche wurde von 1648-1680 erbaut. Der imposante Glockenturm kam erst später dazu und wurde 1720 fertiggestellt. La Porta verlässt man auf der D515 und kommt nach ca. 8 km wieder auf die D71. Dieser folgt man nach links in südlicher Richtung und erreicht nach 5,5 km die Klosterruine von Orezza.

Geschichte:
Während der genuesischen Herrschaft von 1284-1768 kommt es immer wieder zu Aufständen der Korsen. Hintergrund sind unter anderem die hohen Steuern, die von den Korsen abverlangt werden. Das im Jahr 1485 gegründete und versteckt im Landesinneren gelegene Franziskanerkloster entwickelt sich zu einem Treffpunkt hochrangiger Widerstandskämpfer. Einer davon ist der Vater des späteren korsischen Nationalhelden Pascal Paoli. Im abseits gelegenen Kloster von Orezza arbeiten sie während des Unabhängigkeitskrieges von 1729-1755 an einer Übergangsregierung und rufen am 06.01.1735 die Unabhängigkeit Korsikas auf der Volksversammlung aus. Das bis dahin unter genuesischer Herrschaft regierte Korsika wird daraufhin von Genua vom Festland isoliert. Es kommen keine Waren und Lebensmittel mehr auf die Insel. Die Isolierung zeigt zunächst Wirkung und die Not der Korsen wird über die Zeit größer. Trotzdem schaffen es die kämpferischen Korsen, die Genueser zu vertreiben und am 14.07.1755 die Macht auf Korsika für 14 Jahre zu übernehmen.

Das Klostergebäude diente während des Zweiten Weltkrieges als Waffenlager und wurde deshalb von den Deutschen im September 1943 endgültig zerstört. Wegen Einsturzgefahr ist das Betreten der Klosterruine heute verboten.

Museumstipp:
In Morosaglia befindet sich das Haus, in dem Pascal Paoli am 06.04.1725 geboren wurde. Heute befindet sich ein Museum über den korsischen Freiheitskämpfer in dessen Geburtshaus.

Gut zu verbinden mit: 7, 8, 10, 11, 15, 16

Wasserfall von Carcheto

Kurzbeschreibung:
Traumhaft schöner und recht unbekannter Wasserfall in einer grünen Oase. Ein echter Geheimtipp!

Anfahrt: (GPS: 42°22'01" N und 09°22'03" E)
Von der Klosterruine Orezza (9) folgt man der D71 weiter an kleinen, auf Bergspornen gelegenen, Bergdörfern vorbei und erreicht nach 6 km den Ortseingang von Carcheto. Hier muss man nach links in den weiter unten gelegenen Ortsteil abbiegen und erreicht nach wenigen Serpentinen den Kirchplatz. Dort kann man das Auto am besten parken, um in ca. 25 Min. zum Wasserfall zu wandern. Alternativ ist Carcheto auch von der N198 aus zu erreichen. Von der Abfahrt in Prunete fährt man auf der D71 ca. 5,5 km zum Bergdorf Cervione. Man muss sich links halten und folgt der D71, bis man auf einer schmalen Straße (11) durch die wilde Berglandschaft Korsikas nach ca. 30 km über Ortale den Ortseingang von Carcheto erreicht. Man muss durch den Ort fahren und am Ortsausgang scharf nach rechts abbiegen, um zum Kirchplatz zu gelangen.

Wandertipp:
Durch die abgeschiedene Lage ist dieser Bilderbuchwasserfall wenig bekannt. Vom Kirchplatz läuft man der Straße entlang weiter bergab bis man nach ca. 50 m eine Haarnadelkurve erreicht. Hier verlässt man die Straße geradeaus Richtung Friedhof und folgt dem Schild „Cascades". Vereinzelte orangefarbene Markierungen weisen den Weg. Am Friedhof vorbei führt ein gut zu laufender, unbefestigter Waldweg in ein urwaldähnliches Gebiet mit Farnen und einer üppigen Vegetation. Nach ca. 15 Min. kommt man auf der linken Seite an einen alten, überdachten Brunnen. Der Pfad führt weiter und man kann schon bald das Rauschen des Wasserfalls hören. Ein Holzgeländer sichert den Weg, der mit Treppenstufen zum Wasserfall hinab führt. Ein idealer Platz, um die Idylle und die Natur zu genießen.

Ausflugstipp:
Wer genug Zeit eingeplant hat, sollte, statt auf der gleichen Straße zurück zu fahren, auf der D71 weiter in Richtung La Porta fahren. Etwa 7 km nach Carcheto erreicht man die Klosterruine von Orezza (9). Hier wurde am 06.01.1735 im Kloster die Unabhängigkeit Korsikas ausgerufen. Die Fahrt durch die Castagniccia mit den Kastanienbäumen ist im Sommer oder Herbst am schönsten. Von der Klosterruine aus fährt man weiter auf der D71 und erreicht nach ca. 14 km La Porta mit seiner sehenswerten Kirche und dem daneben gebauten Glockenturm.

Hinweise:
Für die Fahrt in diese abgelegene Bergregion ist ein voller Tank, eine gute Straßenkarte oder ein GPS-Gerät erforderlich. Die Strecke ist für große Wohnmobile nicht geeignet.

Gut zu verbinden mit: 7, 8, 9, 11, 15, 16

Fahrt durch die wilde Berglandschaft Korsikas

Kurzbeschreibung:
Fahrt zu abgelegenen Bergdörfern entlang grüner Berghänge durch die beeindruckend wilde Berglandschaft Korsikas.

Anfahrt: (GPS: 42°18'28" N und 09°28'07" E)
Diese abenteuerliche Strecke auf der kurvenreichen, schmalen D71 führt von Cervione bis zum Wasserfall von Carcheto (10). Die Streckenbeschreibung mit Karte ist in der Tour Nordost 3 beschrieben.

Geschichte:
Der 1694 in Köln geborene Baron Theodor von Neuhoff ist die skurrilste Person in der Geschichte Korsikas. Aufgrund von Spielschulden, Börsenverlusten und Liebesgeschichten wird er gesucht und ist in halb Europa auf der Flucht. Zu dieser Zeit werden die Anführer des korsischen Widerstandes von den Genuesern verhaftet und nach Genua verschleppt. In Italien lernt Neuhoff 1732 die korsischen Gefangenen kennen und erfährt von der Situation der Korsen. Als überzeugender Redner und durch seine Kontakte innerhalb Europas, gelingt es ihm, die Freilassung der Korsen zu erreichen. Die schwer beeindruckten Korsen versprechen Neuhoff daraufhin den Königstitel von Korsika, wenn es ihm gelänge, genug Waffen und Soldaten zu mobilisieren, um Korsika von Genua zu befreien. Theodor von Neuhoff reist daraufhin durch Europa um Unterstützer für seinen Kampf gegen Genua zu finden. Zu dieser Zeit ist der Unabhängigkeitskrieg der Korsen gegen Genua in vollem Gange. Am 06.01.1735 wird im Kloster von Orezza (9) von den Korsen die Unabhängigkeit Korsikas ausgerufen. Genua isoliert die Insel daraufhin vom Festland und die Lage der Korsen verschlechtert sich zunehmend. Doch Rettung naht. Am 12.03.1736 landet Neuhoff mit einem Schiff voller Waffen und Lebensmitteln in Aleria. Als Dank wird er von den Korsen am 15.04.1736 im Kloster Alesani zum König Theodor I. von Korsika gewählt und residiert im ehemaligen Bischofssitz in Cervione. Mit seiner Armee kämpft er gegen die Genueser und baut voller Elan sein Königreich auf. Genua hat in der Zwischenzeit ein Kopfgeld auf ihn ausgesetzt und ist dabei, Teile der Insel zurückzuerobern. Die von Neuhoff erhoffte Hilfe aus Europa bleibt aus. Die Situation spitzt sich für ihn immer weiter zu und so entscheidet er sich, die Insel am 11.11.1736 als Priester verkleidet nach nur 7 Monaten Amtszeit als König von Korsika zu verlassen, um ausländische Hilfe herbeizuschaffen, was ihm misslingt.

Hinweise:
Da die Fahrt in eine abgelegene Bergregion führt, sind neben einem vollgetankten Fahrzeug eine gute Straßenkarte oder GPS erforderlich. Die teilweise schmalen Sträßchen sind für größere Fahrzeuge nicht zu empfehlen.

Gut zu verbinden mit: 7, 8, 9, 10, 15, 16

Kurzbeschreibung:

Von Corte (15,16) aus bietet sich eine Fahrt mit der Inselbahn über den von Gustave Eiffel erbauten Vecchio-Viadukt an.

Anfahrt: (GPS: 42°11'35" N und 09°10'04" E)

Von Corte aus schlängelt sich die eingleisige Schmalspurbahn durch wilde und unberührte Naturlandschaften bis nach Vizzavona. Wer möchte, kann auch schon in Calvi (26) oder ab Bastia (1) zusteigen und die Strecke über Corte und Vizzavona bis nach Ajaccio (41,42) fahren. Mit dem Auto gelangt man von Corte aus in südlicher Richtung auf der N193 nach ca. 17 km zum Vecchio-Viadukt. Diese imposante und hohe Brücke befindet sich von Corte kommend etwa 5 km nach Venaco und etwa 3 km vor Vivario auf der rechten Seite und ist von der N193 nicht zu übersehen. Vom Viadukt aus sind es noch ca. 12,5 km bis nach Vizzavona. Kein geringerer als Gustave Eiffel, unter dessen Leitung der Eiffelturm in Paris erbaut wurde, hat diesen 140 m langen Viadukt im Jahre 1892 auf Korsika fertiggestellt.

Badetipp:

Von Vizzavona erreicht man nach etwa 29 km in südwestlicher Richtung auf der N193 eine Abzweigung nach links, Richtung Carbuccia. Sie liegt ca. 1 km nach dem Schildkrötenpark. Ca. 200 m nach dieser Abzweigung befindet sich die Brücke „Pont de Carbuccia". Hier kann man das Auto parken und zu den schönen Badestellen im Fluss hinabsteigen.

Wandertipp:

Die Eisenbahnfahrt von Corte nach Vizzavona lässt sich prima mit einer Wanderung zu den „Cascades des Anglais" mit beeindruckenden Wasserfällen und schönen Badestellen verbinden. Um mit dem Auto zum Ausgangspunkt dieser Wanderung, dem Bahnhof von Vizzavona zu gelangen, muss man von der N193 auf der Höhe von Vizzavona beim Schild „Gare" (Bahnhof) in den Ort abbiegen. Vom Bahnhof aus beginnt die Wanderung. Die Strecke ist in einer öffentlichen Wanderkarte gelb eingezeichnet. Man folgt der Straße bergauf und biegt bei der „Casa di a natura" nach rechts auf den GR20 Wanderweg ab. Die ersten 2,5 km verlaufen meist im Wald, bis zum eigentlichen Beginn der „Cascades des Anglais". Von hier kann man weitere 2 km am Agnone Fluss bergauf wandern und sich in den Badegumpen erfrischen oder die Wasserfälle bewundern. Der Rückweg erfolgt auf gleicher Strecke. Da diese Wanderung sehr beliebt ist, empfiehlt es sich, möglichst früh aufzubrechen.

Ausflugstipp:

Von Ajaccio nach Corte lohnt ein Stopp beim direkt an der N193 gelegenen Schildkrötenpark „A Cupulatta". Der Park ist etwa 20 km von Ajaccio entfernt. Zu sehen gibt es ca. 170 Schildkrötenarten. Es leben ungefähr 3.000 Schildkröten in dem 2,5 ha großen Park. Öffnungszeiten: Tägl.: 10:00 - 17:30 Uhr

Gut zu verbinden mit: 13, 14, 15, 16

Wandertour über den Lac de Melu zum Lac de Capitellu

Kurzbeschreibung:
Schöne Bergtour mit Aufstieg auf bis zu 1.930 m Höhe über den Lac de Melu zum Lac de Capitellu.

Anfahrt: (GPS: 42°13'45" N und 09°01'51" E)
In Corte (15,16) zweigt die D623 in das südwestlich gelegene Restonica-Tal (14) ab. Die Straße beginnt recht breit und wird immer schmäler, je tiefer man in das Tal hineinfährt. Für große Wohnmobile oder Wohnwagen ist die Strecke daher nicht zu empfehlen. Nach ca. 5,5 km erreicht man den idyllisch am Fluss und mitten im Wald gelegenen Campingplatz „Tuani" (14). Ab hier wird die Straße nochmals schmäler und ist für Fahrzeuge über 1,9 m Breite gesperrt. Besonders in der Hochsaison, bei viel Gegenverkehr, ist dieser Straßenabschnitt nichts für schwache Nerven. Es empfiehlt sich, früh loszufahren. Das schmale Sträßchen schlängelt sich für weitere 9,5 km bergauf durch den gut duftenden Kiefernwald am Gebirgsbach entlang und endet an einem gebührenpflichtigen Parkplatz bei der „Bergerie de Grotelle" auf 1.370 m Höhe. Dies ist zugleich der Ausgangspunkt für die schöne Bergwanderung zum Lac de Melu und Lac de Capitellu.

Zu Beginn verläuft der Pfad leicht ansteigend bis man nach ca. 25 Min. an der im Sommer bewirtschafteten „Bergerie de Melu" ankommt. Neben kalten Getränken werden selbstgemachter Käse und Wurst angeboten. Etwa 5 Min. nach der Bergerie kommt man auf eine Hochebene, auf der sich der Pfad gabelt. Rechts verläuft der etwas schwierigere Pfad. Weiter oben muss man ein Steilstück im Fels, durch Ketten gesichert, und über Eisenleitern überwinden. Nach insgesamt ca. 1 Std. erreicht man den Lac de Melu auf einer Höhe von 1.711 m. Alternativ kann man auf der Hochebene auch den linken, etwas einfacheren Pfad durch eine Geröllhalde zum Lac de Melu wählen. Am See geht es rechts vorbei zu einer idyllisch gelegenen, steinernen Hütte. Diese lässt man links liegen und folgt dem im Fels verlaufenden Pfad, der jetzt deutlich steiler und anspruchsvoller wird. Immer wieder gibt es kleine Kletterpartien, bei denen man auch die Hände zur Hilfe nehmen muss, bis man nach insgesamt etwas über 2 Std. den auf 1.930 m hoch gelegenen und mit 42 m tiefsten See Korsikas erreicht. Oben am Lac de Capitellu angekommen, wird man bei guter Sicht mit einem fantastischen Panoramablick auf die umliegenden Berge und den weit unterhalb liegenden Lac de Melu belohnt. Der Abstiegt erfolgt auf gleicher Weise.

Hinweise:
- Reine Gehzeit ca. 4 Std.
- Markierung: gelbe Zeichen und Steinmännchen
- Die Tour ist nur bei gutem Wetter ohne Nässe zu empfehlen
- Kondition erfordelich da ca. 560 m Höhenunterschied
- Der Pfad ist steinig bis felsig mit kleinen Kletterpartien
- Wanderstiefel und entsprechende Kleidung erforderlich

Gut zu verbinden mit: 12, 14, 15, 16

Restonica-Tal

Kurzbeschreibung:

Malerische Badegumpen mit glasklarem und smaragdgrünem Wasser laden in einem der schönsten Täler auf Korsika zum Baden und Entspannen ein.

Anfahrt: (GPS: 42°13'45" N und 09°01'51" E)

In Corte (15,16) muss man von der N2193 auf die D623, die in das Restonica-Tal führt, abzweigen. Diese Abzweigung befindet sich südwestlich von Corte. Die D623 beginnt recht breit und wird immer schmäler, je tiefer man in das Tal hineinfährt. Für große Wohnmobile oder Wohnwagen ist die Strecke daher nicht zu empfehlen. Weitere Anfahrtsbeschreibung siehe bei Punkt (13).

Während der Fahrt ins Tal gibt es immer wieder Möglichkeiten, das Auto abzustellen und zum Bach hinabzusteigen. Hier wird man idyllisch gelegene Badestellen entdecken und kann im glasklaren und smaragdgrünen Wasser baden, sich auf den Felsen sonnen oder ein Picknick an einem romantischen Platz machen. Besonders schön ist es, mit wasserfesten Trekkingsandalen im Bachbett zu laufen. Durch so eine Bachbettwanderung lassen sich die schönsten und einsamsten Stellen entdecken. Ein guter Startpunkt für die Bachbettwanderung liegt gegenüber der Osteria „U Russucciu", im vorderen Teil des Restonica-Tals. Dieser Bereich kann auch problemlos mit einem größeren Wohnmobil erreicht werden.

Ausflugstipp:

Alternativ zum Restonica-Tal lohnt ein Ausflug in das nördlich von Corte gelegene Asco-Tal. Von Corte fährt man ca. 21 km auf der N193 in nördlicher Richtung bis nach Ponte Leccia. Hier muss man sich links halten und für 2 km der N197 Richtung Asco und L'Île Rousse (18) folgen, bis die D47 nach links in das malerische Tal abzweigt. Im Asco-Tal wird man schöne Badestellen finden. Etwas unterhalb von Asco, das für seinen guten Honig bekannt ist, befindet sich eine schöne Genueserbrücke mit toller Bademöglichkeit im Fluss. Die Straße ins Tal wird teilweise eng und ist für größere Wohnmobile nicht zu empfehlen.

Campingtipp:

Der schattige Campingplatz mitten im Wald punktet durch seine idyllische Lage am Fluss im Restonica-Tal. Die Anfahrt erfolgt auf teilweise sehr schmaler Straße und ist für Wohnwagen und größere Wohnmobile nicht geeignet. Die Ausstattung des Platzes ist einfach. Bei Naturliebhabern und Zelturlaubern ist der Platz besonders beliebt. Ein Restaurant ist vorhanden.

Adresse:
Camping Tuani
Vallee de la Restonica
F - 20250 Corte

Kontakt:
Tel.: 0495 461 165
contact@campingtuani.com
www.campingtuani.com

Gut zu verbinden mit: 12, 13, 15, 16,

Kurzbeschreibung:
Schöne Plätze, Cafés und Bars locken neben den Studenten auch viele Touristen in die Universitätsstadt im Inselinneren.

Anfahrt: (GPS: 42°18'23" N und 09°09'06" E)
Von Bastia sind es ca. 70 km (65 Min.) bis nach Corte
Von L'Île Rousse sind es ca. 65 km (60 Min.) bis nach Corte
Von Porto sind es ca. 85 km (100 Min.) bis nach Corte
Von Ajaccio sind es ca. 80 km (80 Min.) bis nach Corte
Von Aleria sind es ca. 50 km (40 Min.) bis nach Corte

Wenn man in Corte auf der "Avenue Jean Nicoli" Richtung Zitadelle und Zentrum fährt, zweigt kurz vor Erreichen der Einkaufsstraße "Cours Paoli" eine Straße nach rechts zu einem Parkhaus ab. Dies ist ein guter Ausgangspunkt, um das Auto zu parken und Corte zu Fuß zu entdecken. Auf der "Cours Paoli" läuft man links zum "Place Paoli" mit der Bronzestatue und den verschiedenen Cafés und Bars. Hinter dem Platz führt die Treppe hinauf zum "Place Gaffori" (16) mit dem von Einschusslöchern übersäten Wohnhaus des Widerstandsführers Gaffori. Von hier geht es rechts an der Kirche vorbei zu einem kleinen korsischen Feinkostgeschäft und weiter Richtung Zitadelle. Bei der Zitadelle befindet sich der "Place du Poilu" mit dem Haus Nr. 1, in dem die Familie Bonaparte bis 1769 lebte, ehe sie nach Ajaccio (41,42) umzog. Mit einem Bummel auf dem "Cours Paoli" endet der hier beschriebene Rundgang durch Corte.

Museumstipp:
In der Zitadelle befindet sich das "Musée de la Corse". Auf mehreren Etagen werden Einblicke in das Leben der Korsen gezeigt. Mit dem Museumsticket ist auch eine Besichtigung der Zitadelle möglich.

Restauranttipp:
Ausgefallene und leckere Salatvariationen, z.B. mit Entenbrust und Nüssen, werden im "Café de France" direkt an der Ecke der Hauptstraße "Cours Paoli" und dem "Place du Duc de Padoue" angeboten.

Unterkunftstipp:
Das Hotel mit den türkisblauen Fensterläden liegt idyllisch im Restonica-Tal (14) direkt am Fluss und verfügt über 31 Zimmer. Es gibt einen schönen Garten mit Terrasse, einem Außenpool und einem beheizten Whirlpool. Mittleres Preisniveau

Adresse:
Hotel Les Jardins de la Glaciere
Gorges de la Restonica
F - 20250 Corte

Kontakt:
Tel.: 0495 452 700
Fax: 0495 452 701

contact@lesjardinsdelaglaciere.com
www.lesjardinsdelaglaciere.com

Gut zu verbinden mit: 9, 10, 11, 12, 13, 14, 16

BAR DE LA HAUTE VILLE

BAR DE LA HAUTE VILLE

Wohnhaus der Familie Gaffori in Corte

Kurzbeschreibung:
Von Corte aus wurden immer wieder Widerstandskämpfe gegen die Fremdherrscher auf Korsika organisiert.

Anfahrt: (GPS: 42°18'23" N und 09°09'06" E)
Siehe Anfahrtsbeschreibung unter (15). Am Ende der langen Einkaufsstraße „Cours Paoli" in Corte liegt der „Place Paoli" mit der Bronzestatue von Pascal Paoli. Hinter dem Platz führt die Treppe hinauf zum „Place Gaffori" mit dessen Statue und dem Wohnhaus der Familie. Die zahlreichen, heute noch sichtbaren Einschusslöcher stammen aus dem Kampf gegen die Genueser im Jahre 1750.

Geschichte:
Im Auftrag des spanischen Königs Alfons V. von Aragonien eroberte Vincentello d'Istria die Burg von Corte und baute sie 1420 zur Zitadelle aus. Doch der Erfolg war nicht von Dauer. Bereits 1434 gelang es den Genuesern, die strategisch wichtig gelegene Zitdelle einzunehmen. Im Jahre 1553 eroberte der korsische Freiheitskämpfer Sampiero Corso mit seinen Truppen Corte zurück. Als seine Gattin 1564 während neuer Aufstände Verhandlungen mit den Genuesern führte, tötete er sie. Er selbst wurde daraufhin am 17.01.1567 durch die Blutrache seines Schwagers ermordet. Durch den Vertrag von Cateau-Cambrésis fiel Corte 1559 wieder an Genua zurück. Erst 1746 gelang es dem Korsen Jean-Pierre Gaffori, mit seinen Freiheitskämpfern, die Zitadelle von Corte wieder einzunehmen. 1750 nutzten die Genueser die Abwesenheit Gafforis und wollten dessen Familie als Geiseln nehmen. Diese Rechnung hatten sie aber ohne die Tapferkeit und den Mut von Gafforis Frau Faustine gemacht. Diese verbarrikadierte und verteidigte sich mit einigen ihr zur Hilfe geeilten Korsen im Haus. Tagelang hielten sie dem Kugelhagel der Genueser stand, doch die Situation wurde immer auswegloser. Als sich die ihr zur Hilfe geeilten und im Haus befindlichen Korsen den Genuesern ergeben wollten, schleppte Gafforis Frau Faustine ein Pulverfass in den unteren Stock, hielt eine brennende Fackel in die Nähe des Fasses und drohte, das ganze Haus in die Luft zu sprengen, wenn sie sich nicht weiter mit ihren Schusswaffen verteidigen würden. Die Korsen hielten weiter durch bis General Gaffori mit Helfern kam und die Genueser in die Flucht schlug. Nachdem Gaffori 1753 bei Corte ermordet wurde, übernahm Pascal Paoli die Führung des korsischen Widerstands. Während seiner Herrschaft von 1755-1769 wurde Corte zur Hauptstadt Korsikas ernannt. Um die Bildung der Bevölkerung zu verbessern, gründete Paoli im Jahre 1764 während seiner Herrschaft in Corte die bis heute einzige und seinen Namen tragende Universität auf Korsika. Von 1962-1983 waren Fremdenlegionäre in der Zitadelle stationiert. Heute ist dort ein Museum untergebracht.

Gut zu verbinden mit: 9, 10, 11, 12, 13, 14, 15

Die schönsten Autotouren: Nordost 1

Kurzbeschreibung: (ca. 133 km, Fahrzeit ca. 165 Min.)
Schöne Küstenorte, traumhafte Ausblicke und ein markanter Turm in Nonza sind die Höhepunkte entlang der abwechslungsreichen Küstenstraße am Cap Corse.

Die Tour beginnt in Bastia (1). Von hier folgt man der D80 an der Küste entlang nach Norden und erreicht nach ca. 9 km den Küstenort Erbalunga (2) mit einigen verwinkelten Gässchen. Nach einem Spaziergang durch den Ort, geht es auf der D80 weiter am fotogenen Genueserturm „Tour de l' Osse" vorbei bis nach Macinaggio im Norden. Hier folgt man der Straße ins Landesinnere und erreicht nach 12 km auf einer Passhöhe einen kleinen Parkplatz. Von hier lohnt der kurze Aufstieg zur Windmühle „Moulin Mattei" von der aus man einen tollen Ausblick hat. Bereits 2,5 km nach diesem Stopp zweigt die schmale D35 scharf nach rechts Richtung Port de Centuri (3) ab. Hier lohnt ein Spaziergang am verwinkelten Fischerhafen, der vor allem durch die Langustenfischerei bekannt ist. Den Ort verlässt man auf der D35 und trifft in Baragogna wieder auf die Küstenstraße D80. Von hier sind es ca. 34 km bis nach Nonza (4). Etwa 7 km vor Nonza fällt eine Industrieruine auf. Hier wurde bis 1965 das gesundheitsschädliche Asbest in großem Stil abgebaut. An den umliegenden Stränden sollte daher nicht gebadet werden. Nach einem Aufstieg zum imposanten Turm in Nonza erreicht man Saint-Florent (5) nach 19 km. Von hier über die Berge sind es nochmals ca. 19 km auf der D81 bis nach Bastia.

Die schönsten Autotouren: Nordost 2

Kurzbeschreibung: (ca. 122 km, Fahrzeit ca. 135 Min.)

Einsame Berglandschaften, die Kirche in Murato und auf der Fahrt durch das Nebbio eine tolle Aussicht auf das abgeschieden gelegene Bergdorf Lento gibt es zu sehen. Diese Fahrt sollte nur mit einer guten Karte oder GPS durchgeführt werden.

Ausgangspunkt für diese Tour ist Saint-Florent (5). Von hier fährt man auf der D81 in südliche Richtung und biegt bereits nach ca. 1 km links auf die D82 Richtung Oletta ab. Nach etwa 7 km erreicht man das Bergdorf Oletta und folgt der D82 weiter über Olmeta di Tuda und der D5 bis man nach weiteren ca. 8 km auf der schönen Panoramastraße die markante Kirche San Michele (7) am Ortseingang von Murato erreicht. Von hier folgt man der kleinen D5 in die abgeschiedene Berglandschaft des Nebbio und kann zahlreiche schöne Ausblicke auf das Bergdorf Lento (8) genießen. Nicht der Ort selbst, sondern die Lage mitten in der unendlichen Weite ist das Besondere an Lento. In Lento muss man sich links halten und der D5 weiter Richtung Ponte Novu folgen. Hier musste sich Pascal Paoli mit seinen Truppen am 08.05.1769 in der Schlacht bei Ponte Novu gegen die viel größere und besser ausgerüstete französische Armee geschlagen geben. Auf der N193 fährt man weiter nach Ponte Leccia, dem Hauptknotenpunkt der korsischen Eisenbahn und biegt dort nach Norden Richtung L'Île Rousse ab. Ein Badestopp bietet sich am Lozaristrand (17) an, bevor es auf der D81 zum Ausgangspunkt nach Saint-Florent zurück geht.

Die schönsten Autotouren: Nordost 3

Kurzbeschreibung: (ca. 132 km, Fahrzeit ca. 170 Min.)
Einsame Bergdörfer in der Castagniccia und Casinca, sowie der Wasserfall von Carcheto und die Klosterruine von Orezza sind die Höhepunkte der Tour. Gutes Kartenmaterial oder ein GPS-Gerät sowie genug Sprit im Tank sind für diese Fahrt erforderlich. Für große Wohnmobile ist die Tour nicht geeignet.

Ausgangspunkt ist der Ort Cervione. Von hier fährt man auf der D330 über San-Nicolao auf die N198 Küstenstraße. Dieser folgt man für ca. 12 km in Richtung Bastia und biegt in San Pancrazio nach links auf die D6 ab. Hier folgt man der Straße für 11 km bis ins malerisch gelegene Bergdorf Loreto-di-Casinca. Von hier fährt man ca. 4 km die gleiche Strecke zurück und biegt nach links in Richtung Vescovato auf die D237 ab. Man ist nach etwa 4,5 km in Vescovato und fährt von dort weiter auf die N198 Küstenstraße, der man nach Norden folgt. Am Kreisverkehr in Casa Nostra biegt man ins Landesinnere ab und erreicht nach ca. 8 km Barchetta. Hier muss man links auf die D515 abbiegen und folgt der Strecke über Campile, Ortiporio und Giocatojo bis man nach ca. 25 km in La Porta mit seiner alten Kirche ankommt. Es geht auf der D515 und D71 weiter über Campana bis man nach ca. 14 km die Klosterruine von Orezza (9) erreicht. Etwa 6 km später ist man in Carcheto mit seinem idyllisch gelegenen Wasserfall (10) angekommen. Das letzte Stück (11) führt von Carcheto auf der D71 durch wilde Berglandschaft über Ortia, Milaria und Ortale bis nach Cervione zurück.

Die schönsten Autotouren: Nordost 4

Kurzbeschreibung: (ca. 140 km, Fahrzeit ca. 180 Min.)
Neben der Stadt Corte führt die Tour zu zwei wunderschönen Flusstälern mit Bade- und Picknickmöglichkeit. Wer genug Zeit und Kondition mitbringt, kann eine Bergwanderung zum Lac de Melu und Lac de Capitellu unternehmen. Wegen schmaler Straßen ist die Tour für größere Wohnmobile nicht geeignet.

Ausgangspunkt für diese Tour ist Corte (15,16). Hier zweigt die D623 in das südwestlich gelegene Restonica-Tal (14) ab. Die Straße beginnt recht breit und wird immer schmäler, je tiefer man in das Tal hineinfährt. Nach ca. 5,5 km erreicht man den Campingplatz „Tuani". Ab hier ist die Straße für Fahrzeuge über 1,9 m Breite gesperrt. Besonders in der Hochsaison, bei viel Gegenverkehr, ist dieser folgende Straßenabschnitt nichts für schwache Nerven. Es empfiehlt sich, früh loszufahren. Das schmale Sträßchen schlängelt sich am Gebirgsbach entlang für weitere 9,5 km bergauf und endet an einem gebührenpflichtigen Parkplatz. Dies ist zugleich Ausgangspunkt für die schöne Bergwanderung zum Lac de Melu und Lac de Capitellu (13). Es geht auf gleicher Strecke zurück nach Corte. Nach einer Stadtbesichtigung verlässt man Corte auf der N193 in nördlicher Richtung und folgt der Straße für ca. 21 km bis nach Ponte Leccia. Hier muss man sich links halten und für 2 km der N197 Richtung Asco und L'Île Rousse folgen, bis die D47 nach links in das 31 km tiefe malerische Asco-Tal (14) abzweigt. Die Rückfahrt nach Corte erfolgt auf gleicher Strecke.

Legend:
- Ⓐ Campingtipp
- Unterkunftstipp
- Restauranttipp
- Museumstipp
- ⁂ Aussicht
- Strand
- Wanderweg

Ligurisches Meer

N
0   20 km

Autotour Nordwesten 1
Autotour Nordwesten 2
Autotour Nordwesten 3
Autotour Nordwesten 4

18 L'île Rousse
20 21 Pigna
23 Sant'Antonino
Lavatoggio
Algajola

N197 Ostriconi
Ⓐ
17 Lozari
Anse de Perajola
Belgodère
Speloncato
19 Muro
Aregno
22 24 Montegrosso
27 Calenzana
Suare
25 Golfe de Calvi
Lumio
Balagne
Montemaggiore
26 Calvi
Balagne Déserte
Argentella
Capo Cavallo
Capo di a Morsetta
Baie de Crovani
Golfe de Galéria
Galéria
Golfe de Focolara
Golfe de Solana
La Scandola
29 Girolata
Golfe de Porto
35 Les Calanche
37 Capu Rossu
Arone
38
39 Golfe de Topiti
Golfe de Peru
Cargèse
Golfe de Vizzavona

Ligurisches Meer

Asco
Monte Padro
Tartagine
Asco 2.393 m
Monte Cinto 2.706 m
Monte Orba 2.525 m
Paglia d'Orba
Golo
GR 20
Figarella
Mare e Monti Nord
28 Tuarelli
Bussaglia
31 32 Col de Vergio 1.477 m
Porto Evisa
30 Les Roches Bleues
34 Piana
36

Albertacce
33
Monte Tozzo 2.007 m
14 Monte Rotondo 2.622 m
13 Bergerie de Grotelle
Lac de Capitellu Lac de Melu
Monte d'Oro 2.389 m
Col de Vizzavona 1.163 m
Vico
Sagone
N193

Autotour Nordwesten 4

Fango

DER NORDWESTEN

Kurzbeschreibung:
Schöne, große Badebucht mit grobem Sandstrand, die meist auch im Sommer nicht überfüllt ist.

Anfahrt: (GPS: 42°38'17" N und 09°01'02" E)
Von Saint-Florent (5) fährt man in westliche Richtung am Hafen vorbei. Am Kreisverkehr nach dem Hafen muss man sich rechts Richtung L'Île Rousse und Calvi halten. Auf der D81 fährt man für ca. 27 km durch das „Desert des Agriates", eine Macchia- und Felswüste, bis man auf die N1197 trifft. Hier biegt man rechts ab und erreicht den Lozari Strand mit einem großen Parkplatz nach ca. 8,5 km. Wer aus Richtung L'Île Rousse (18) kommt, ist nach etwa 7 km in östlicher Richtung auf der N197 Küstenstraße am schönen Strand.

Der schöne ca. 1,2 km lange Sandstrand liegt eingebettet in einer großen Badebucht.

Vom Lozari Strand aus lohnt ein Besuch des Bergdorfes Belgodère. Besonders schön ist es, eine Rundfahrt durch die Balagne zu machen und weitere sehenswerte Bergdörfer zu besuchen. Eine entsprechende Rundfahrt ist in der Autotour „Nordwest 1" beschrieben. Die dort beschriebene Tour beginnt in L'Île Rousse, führt durch die Bergregion der Balagne zu verschiedenen Bergdörfern und endet am Strand von Lozari, bevor es auf der Küstenstraße wieder zurück nach L'Île Rousse geht.

Wer vom Strand aus nur das Bergdorf Belgodère mit seinen kleinen Gassen und vielen schönen Fotomotiven besuchen möchte, muss vom Strand nach rechts Richtung L'Île Rousse in die N1197 einbiegen und nach ca. 500 m links in die N197 abzweigen, um in das ca. 9 km entfernte Belgodère zu gelangen.

Strandtipp:
Wenn man aus Richtung Saint-Florent von der D81 auf die N1197 Küstenstraße einbiegt, kommt nach weiteren ca. 3 km eine Ausfahrt zum Campingplatz „Ostriconi". Für das letzte Stück bis zum Strand muss man zu Fuß ca. 15 Min. einplanen. Von dem dünen- und lagunenartigen Sandstrand lassen sich unvergessliche Sonnenuntergänge beobachten.

Campingtipp:
Der schöne Ostriconi Campingplatz ist wegen seiner Lage und Nähe zum schönen Strand zu empfehlen. Es gibt ein Restaurant sowie einen Pool für die Gäste.

Adresse:
Camping Ostriconi
Loisirs Mediterranee
Route du Bord de Mer
F - 20226 Palasca

Kontakt:
Tel.: 0495 601 005
Fax.: 0495 600 147
www.village-ostriconi.com

Gut zu verbinden mit: 5, 6, 7, 8, 18, 19, 20, 21, 22, 23, 24

Küstenort L'Île Rousse

Kurzbeschreibung:
Schöner Küstenort, in dem man abends herrlich durch die bunt beleuchteten Gassen schlendern kann.

Anfahrt: (GPS: 42°37'58" N und 08°56'20" E)
Von Calvi erreicht man L'Île Rousse nach ca. 24 km auf der N197. Von Saint-Florent (5) erreicht man L'Île Rousse, indem man am Hafen vorbei Richtung Ortsausgang fährt und am nächsten Kreisverkehr rechts Richtung L'Île Rousse (18) und Calvi (26) abbiegt. Auf der D81 fährt man ca. 27 km durch das „Desert des Agriates", eine Macchia- und Felswüste, bis man auf die N1197 trifft. Hier biegt man rechts ab, fährt am Lozari Strand (17) vorbei und erreicht nach weiteren ca. 7 km den Küstenort L'Île Rousse. Direkt an der Stelle, an der der Damm auf die vorgelagerte Insel führt, kann das Auto an einem öffentlichen Parkplatz abgestellt werden. Von hier kann man prima entlang der Strandpromenade in die Stadt laufen.

Vormittags werden in der offenen Markthalle nahe der Uferpromenade am „Place Paoli" korsische Produkte wie Wurst, Käse, Fisch, Gemüse, Marmelade usw. angeboten. Tagsüber kann man am sandigen Stadtstrand von L'Île Rousse die Sonne genießen und entspannen. Abends ist es in L'Île Rousse besonders schön, wenn man an der Uferpromenade oder durch die Gassen schlendern kann und die Stadt von den vielen Neonreklamen der Restaurants und Bars in ein buntes Lichtermeer verwandelt wird.

Restauranttipp:
Wenn man die Strandpromenade in östlicher Richtung läuft, erreicht man als letztes das Spezialitäten- und Sushi-Restaurant „Loria Beach Restaurant". Hier kann man sehr gut in schönem Ambiente speisen und tolle Sonnenuntergänge beobachten.

Geschichte:
Früher lief der meiste Handel über den genuatreuen Hafen von Calvi. Im Jahre 1278 baten die Einwohner von Calvi Genua um Hilfe gegen den damals herrschenden korsischen Adel. Genua vertrieb die Adeligen und baute zum Schutz die große Zitadelle in Calvi, die zugleich Machtzentrum Genuas auf Korsika wurde. Die Einwohner von Calvi wurden mit Privilegien wie Steuervergünstigungen ausgestattet und schworen Genau dafür die Treue. Calvi beteiligte sich nicht an den Aufständen gegen Genua. Der Küstenort L'Île Rousse wurde im Jahre 1758 von Pascal Paoli als von Calvi unabhängige Hafenstadt im Norden Korsikas gegründet.

Aussichtstipp:
Die vorgelagerte Insel mit dem Leuchtturm wird abends von der Sonne in ein schönes rötliches Licht gehüllt und ist daher bei Verliebten ein bevorzugter romantischer Ort um den Sonnenuntergang zu genießen. Heute ist die Insel durch einen Damm mit dem Festland verbunden und daher problemlos zu Fuß zu erreichen.

Gut zu verbinden mit: 17, 19, 20, 21, 22, 23, 24, 25, 26, 27

Nordwesten

Strand von Bodri

Kurzbeschreibung:
Türkisblaues und kristallklares Wasser, sowie einen schönen Sandstrand findet man am Strand von Bodri.

Anfahrt: (GPS: 42°37'33" N und 08°54'44" E)
In L'Île Rousse (18) folgt man der N197 Küstenstraße in Richtung Calvi (26). Am Ortsausgang befindet sich bei der Abzweigung nach Corbara und Pigna (20,21) ein großer Obststand. Von hier sind es noch ca. 1,2 km auf der N197, bis man die Zufahrtsstraße nach dem Campingplatz zum großen, gebührenpflichtigen Parkplatz vom Bodri Strand erreicht. Vom Parkplatz sind es zu Fuß noch ca. 0,5 km bis zum Strand. Am Bahnübergang muss man sich rechts halten, um zum Strand zu gelangen.

Am Strand von Bodri gibt es auch eine Snackbar. Hier kümmert man sich um das leibliche Wohl der Gäste. Die schöne Sandbucht mit dem türkisblauen Wasser wird von Felsen eingerahmt. Am Strand gibt es leider immer wieder Anschwemmungen von Seegras. Vom Strand von Bodri führt ein sandiger Pfad ca. 500 m in westlicher Richtung durch die Macchia zu einem weiteren sehr schönen Strand mit ebenfalls türkisblauem Wasser. Zwischen den beiden Sandstränden kann man entlang der felsigen Ufer sehr schön schnorcheln. Vom Strand von Bodri führt ein weiterer Pfad an der Küste entlang in etwa 2 km bis in das benachbarte L'Île Rousse. Besonders schön ist es hier abends bei Sonnenuntergang auf der Halbinsel mit dem Leuchtturm.

Ausflugstipp:
Lohnenswert ist auch ein Ausflug mit der Inselbahn. Von Calvi fährt die Bahn über L'Île Rousse nach Ponte-Leccia. Hier gabelt sich die Strecke und man kann wählen zwischen einer Weiterfahrt in nordöstlicher Richtung nach Bastia (1) oder in südwestlicher Richtung über Corte (15,16) nach Ajaccio (41,42). Auf der Bahnstrecke zwischen Corte und Ajaccio gibt es viele Viadukte zu überqueren. Der bekannteste ist der „Vecchio-Viadukt" (12). Dieser liegt ca. 12,5 km nördlich von Vizzavona und wurde von Gustave Eiffel, dem Erbauer des Pariser Eiffelturms, im Jahre 1892 erbaut.

Campingtipp:
Der Campingplatz von Bodri liegt zwischen L'Île Rousse und dem Strand von Bodri. Vor allem die Lage zeichnet den Campingplatz aus. Man kann zu Fuß zu den beiden schönen Stränden laufen oder von dort Touren mit dem Auto in die Balagne unternehmen. Alternativ kann man Korsika von hier aus auch mit der Inselbahn erkunden.

Adresse:
Camping Le Bodri
L'Île Rousse
F - 20226 Corbara

Kontakt:
Tel.: 0495 601 086
Tel.: 0495 600 647
info@campinglebodri.com
www.campinglebodri.com

Gut zu verbinden mit: 17, 18, 20, 21, 22, 23, 24, 25, 26, 27

Nordwesten

Kurzbeschreibung:
In dem kleinen Bergdorf haben sich viele Künstler mit ihren Ateliers in den alten, restaurierten Häusern niedergelassen und verleihen dem Ort so ein ganz besonderes Flair.

Anfahrt: (GPS: 42°35'57" N und 08°54'11" E)
Von L'Île Rousse (18) kommend muss man sich Richtung Calvi (26) halten. Am Ortsausgang von L'Île Rousse zweigt bei einem großen, an der Straße liegenden, Obststand die D151 nach links in die Berge Richtung Corbara und Pigna ab. Von dieser Abzweigung erreicht man nach ca. 4 km zuerst den größeren Ort Corbara. Man folgt der D151 weiter, am von den Dominikanern im 15. Jh. erbauten Kloster auf der linken Seite vorbei und erreicht nach weiteren etwa 2,5 km die Zufahrtsstraße, die nach Pigna führt. Kurz nach dem Ortseingang befindet sich ein gebührenpflichtiger Parkplatz. Hier kann man das Auto parken, um den für den Verkehr gesperrten Ort zu Fuß zu erkunden.

Maler, Töpfer und andere Künstler haben sich in Pigna niedergelassen und das kleine Bergdorf liebevoll restauriert. Die blauen Fensterläden bieten zwischen den Natursteinfassaden und schönen Pflanzen viele tolle Fotomotive. Hier lässt sich besonders gut in den verwinkelten Gässchen schlendern, da es durch die verschiedenen Künstler mit ihren Ateliers immer wieder etwas Neues zu entdecken gibt. Ein Besuch in Pigna sollte auf keiner Rundfahrt durch die Balagne fehlen.

Restaurant- und Unterkunftstipp:
Ausgezeichnet und in sehr schönem Ambiente kann man im „Palazzu Pigna" speisen. Ein echter Geheimtipp! Hinter der wuchtigen, alten Holztüre verbirgt sich ein wahres Juwel. Genau der richtige Ort für einen besonderen Abend und wer möchte, kann sich gleich in einem der Zimmer einmieten. Reservierung wird empfohlen. www.hotel-corse-palazzu.com

Kontakt Restaurant:
Tel.: 0495 351 647
Mobil: 0670 371 628
olympericco@gmail.com

Kontakt Hotel:
Tel.: 0495 473 278
Mobil: 0610 862 245
palazzupigna@wanadoo.fr

Einkaufstipp:
In einem der vielen alten Gemäuer befindet sich das „Casa Savelli". Im liebevoll eingerichteten Laden werden korsische Spezialitäten wie Wurst, Käse, Marmelade und weitere Feinkostprodukte angeboten. Einen ersten Eindruck über das Delikatessengeschäft bekommt man unter www.casa-savelli.com

Aussichtstipp:
In Pigna befindet sich am Ortsrand zum Meer hingewandt das Café „A Casarella", von dessen schöner Terrasse man einen traumhaften Ausblick auf die Küste genießen kann. Angeboten werden neben Getränken auch Kuchen und kleine Vorspeisen.

Gut zu verbinden mit: 17, 18, 19, 21, 22, 23, 24, 25, 26, 27

Nordwesten

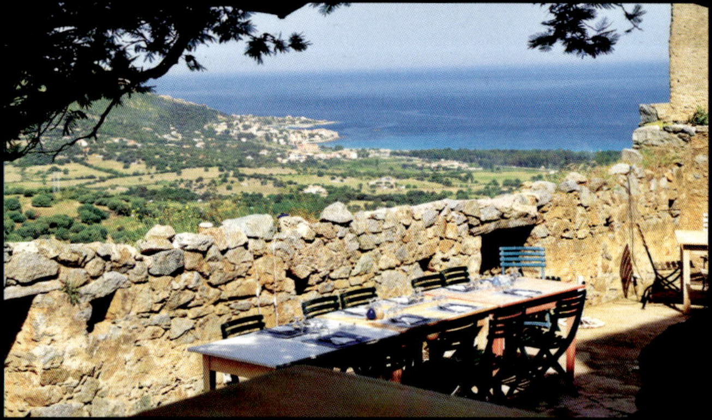

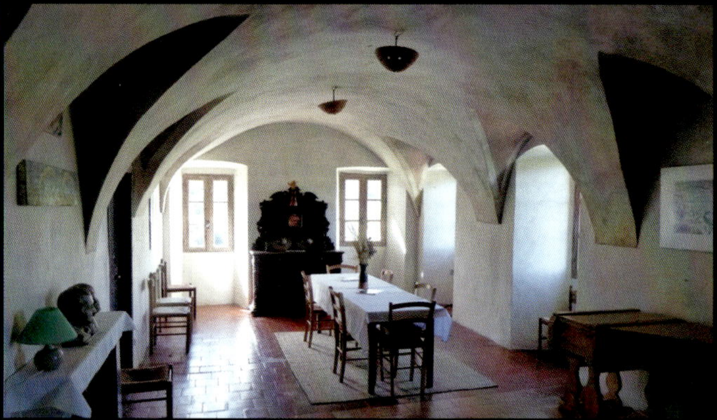

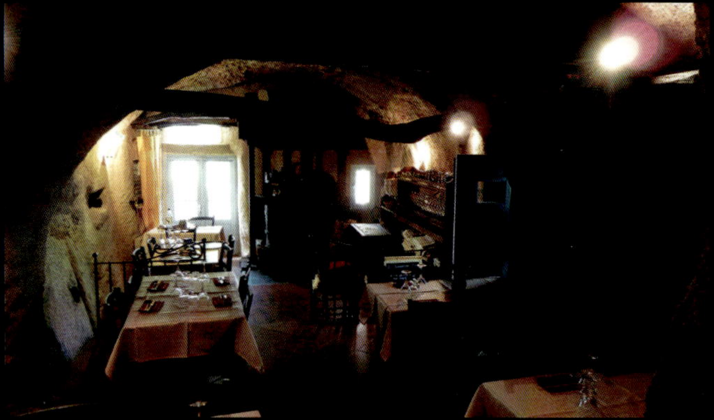

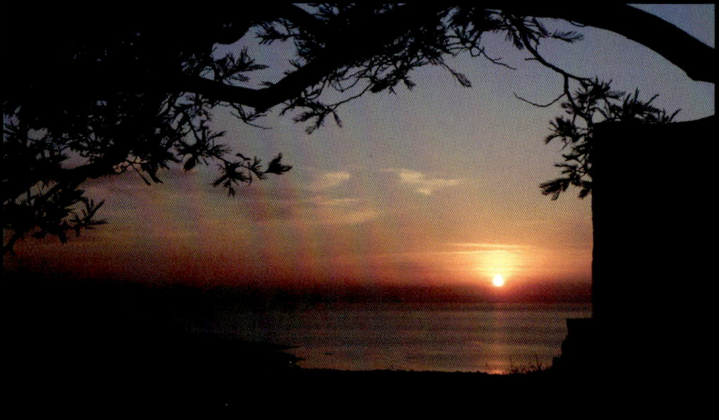

Kurzbeschreibung:
Das versteckt im Künstlerort Pigna gelegene Hotel-Restaurant „Casa Musicale" überzeugt durch seinen besonderen Charme.

Anfahrt: (GPS: 42°35'57" N und 08°54'11" E)
Anfahrtsbeschreibung nach Pigna siehe unter (20). Um im Ort zum „Casa Musicale" zu gelangen, läuft man vom Parkplatz geradeaus über den Kirchplatz und hält sich am Ortsrand rechts. Auf einem mit Natursteinen gepflasterten Weg gelangt man zum schönen Eingangstor des „Casa Musicale".

Von den auf verschiedenen Ebenen befindlichen Terrassen des „Casa Musicale" hat man einen atemberaubenden Blick auf die Bucht von Algajola (22). Abends lassen sich auf der meist von Kerzen beleuchteten Terrasse wunderschöne Sonnenuntergänge beobachten. Im Restaurant des „Casa Musicale" werden mit vorwiegend regionalen Produkten aus der Balagne korsische Spezialitäten zubereitet. Neben der Küche befindet sich der gemütlich und liebevoll eingerichtete Speisesaal mit einer alten Ölpresse.

Wenn man sich vom Parkplatz aus rechts hält, gelangt man zum Auditorium von Pigna, in dem von März - November verschiedene Musik- und Kulturveranstaltungen stattfinden. Im Juli findet jedes Jahr ein großes Festival im Ort statt, zu dem zahlreiche Besucher von nah und fern kommen.

Restaurant- und Unterkunftstipp:
Im „Casa Musicale" werden auch neun geschmackvoll und individuell eingerichtete Zimmer vermietet. Zum Zimmer „Sulana" gehört auch eine große, sonnige Dachterrasse, von der aus man eine traumhafte Aussicht auf die Küste bei Algajola genießen kann. Das Zimmer „Madrigale" befindet sich im kleinen Nachbargebäude. Hier gibt es ein schönes Bad mit Badewanne. Das „Casa Musicale" bietet eine besondere Unterkunft und ist idealer Ausgangspunkt, um die Balagne mit den malerischen Bergdörfern und Küstenorten wie Calvi (26) und L'Île Rousse (18) zu entdecken. Haustiere sind nicht gestattet.

Adresse:
Hotel-Restaurant
Casa Musicale
F - 20220 Pigna

Kontakt:
Hotel-Restaurant Casa Musicale
Tel.: 0495 617 731
resa@casa-musicale.org
www.casa-musicale.org

Zwischen Corbara und Pigna gelegen befindet sich das Dominikanerkloster „Saint Dominic" mit Übernachtungsmöglichkeit. Das Gebäude stammt aus dem Jahr 1430 und wurde ursprünglich als Waisenhaus gebaut. Bereits im Jahr 1456 wurde es zum Kloster umfunktioniert. Es wurde während der Französischen Revolution zerstört und 1857 von den Mönchen wieder aufgebaut.

Gut zu verbinden mit: 17, 18, 19, 20, 22, 23, 24, 25, 26, 27

Nordwesten

Kurzbeschreibung:

Schönes, kleines Bergdorf, in dem es meist wesentlich ruhiger zugeht als im benachbarten Sant' Antonino (23).

Anfahrt: (GPS: 42°34'53" N und 08°53'41" E)

Von Pigna (20) biegt man rechts auf die D151 ab und erreicht das Bergdorf Aregno bereits nach etwa 3 km. Der Friedhof mit der sehenswerten Kirche befindet sich links von der D151. Um in den Ort zu gelangen, muss man von der D151 rechts abbiegen.

Auf dem Friedhof von Aregno steht die im 12. Jh. erbaute und aus pisanischer Zeit stammende romanische Kirche „Église de la Trinité". An dem schachbrettartig aussehenden Mauerwerk ist die Ähnlichkeit mit der aus gleicher Zeit stammenden Kirche „San Michele" in Murato (7) deutlich zu erkennen. Am Bogen über dem Haupteingang sind zwei Figuren dargestellt, die die Aufgaben der Kirche symbolisieren. Die linke Figur mit der Kirchenrobe stellt die Geistlichkeit dar. Die rechte Figur mit der Schriftrolle symbolisiert die juristischen und strafrechtlichen Kompetenzen.

Einkaufstipp:

Wenn man Aregno auf der D551 in Richtung Küste fährt, erreicht man nach ca. 6 km die N197. Hier muss man nach rechts Richtung L'Île Rousse (18) abbiegen und erreicht nach ca. 800 m auf der rechten Seite das Geschäft „Chez Marylène".

Strandtipp:

In Algajola gibt es einen schönen ca. 1,5 km langen grobkörnigen Sandstrand mit verschiedenen Restaurants und zwei Campingplätzen.

Restauranttipp:

Im ca. 4 km von Aregno entfernten Lavatoggio findet man die Ferme Auberge „Chez Edgar". Hier isst man abends auf der schönen Natursteinterrasse u.a. korsische Spezialitäten vom Holzkohlengrill. Um zur Auberge zu gelangen, fährt man von Aregno auf der D151 Richtung Sant' Antonino. Nach ca. 1,5 km folgt man der Straße geradeaus statt links nach Sant' Antonino abzubiegen. Ca. 500 m weiter in Cateri muss man sich rechts halten, um auf der D71 nach weiteren 2 km Lavatoggio zu erreichen. Die Auberge befindet sich am Ortseingang auf der linken Seite. Reservierung empfohlen. Tel.: 0495 617 075

Alternativ kann man auch im Restaurant „Le Padula" in Algajola in wunderschöner Lage direkt am Strand speisen. Die Stühle und Tische stehen teilweise direkt im Sand. Algajola liegt zwischen L'Île Rousse (18) und Calvi (26) an der Küste. Hier lassen sich auch traumhafte Sonnenuntergänge genießen.
Tel.: 0495 607 522

Gut zu verbinden mit: 17, 18, 19, 20, 21, 23, 24, 25, 26, 27

Nordwesten

Kurzbeschreibung:
Das kleine Bergdorf mit den mittelalterlichen Häusern und den verwinkelten Gassen thront malerisch auf einer Bergkuppe.

Anfahrt: (GPS: 42°35'21" N und 08°54'22" E)
Von Aregno folgt man der D151 für ca. 1,5 km in südlicher Richtung und biegt dann scharf nach links in Richtung Sant' Antonino ab. Auf der Zufahrtsstraße wird das Bergdorf umfahren, bis man zu einem großen gebührenpflichtigen Parkplatz mit einer 2,5 m hohen Durchfahrtsbeschränkung kommt. Direkt neben dem Parkplatz befindet sich die Kirche etwas außerhalb des Ortes gelegen. Von hier lassen sich die kleinen verwinkelten Gässchen von Sant' Antonino am besten zu Fuß erkunden.

Nach einer Besichtigung der Kirche kann man von hier prima in das Labyrinth aus kleinen verwinkelten Gassen mit Kopfsteinpflaster und Unterführungen durch die eng aneinander gebauten Häuser eintauchen. Im 9. Jh. wurde der Ort von der aus Corbara stammenden Grafenfamilie Savelli gegründet. Die Bevölkerung der Balagne durfte den gut geschützten Ort während den Sarazenenüberfällen als Zufluchtsstätte ebenfalls nutzen.

Aussichtstipp:
Wenn man auf den schmalen Gassen im Ort immer weiter nach oben läuft, kommt man zu einem Aussichtspunkt, von dem aus man einen tollen Weitblick genießen kann.

Unterkunftstipp:
Mitten in der Altstadt von Montegrosso Cassano befindet sich das „Les Chambres d' hotes de Magali". Eine liebevoll eingerichtete Bed & Breakfast-Unterkunft mit 5 Zimmern. Von Sant' Antonino ist das Bed & Breakfast über die D151 in südlicher Richtung nach ca. 13 km zu erreichen.

Adresse:
Ruelle Casalta
Hameau de Cassano
F - 20214 Montegrosso

Kontakt:
Magali et Etienne Ambrosini
Tel.: : 0495 212 533
Mobil.: 0687 613 194
www.chambresdhotesdemagali.fr

Ausflugstipp:
Etwa 5 km südlich von Sant' Antonino im Herzen der Balagne liegt das malerisch gelegene Bergdorf Avapessa mit seinen kleinen Gässchen. Hier lohnt ein Spaziergang durch das alte und schöne Dorf.

Hinweis:
Wer mit dem eigenen Auto unterwegs ist, sollte möglichst früh oder spät am Tag nach Sant' Antonino kommen, da dies der touristischste Ort in der Balagne ist. Zahlreiche Reisebusse machen Halt für eine Besichtigung.

Gut zu verbinden mit: 17, 18, 19, 20, 21, 22, 24, 25, 26, 27

Nordwesten

Bergdorf Speloncato

Kurzbeschreibung:
Schönes, altes Bergdorf mit kleinen verwinkelten Gässchen und einem schönen Dorfplatz.

Anfahrt: (GPS: 42°33'42" N und 08°58'52" E)
Von Sant' Antonino aus fährt man zuerst in südlicher Richtung auf der D151 und D71 an Avapesso und Murato vorbei, bis man nach ca. 8 km nach Muro kommt. Von hier fährt man auf der D71 weiter in östlicher Richtung bis nach Feliceto. Jetzt geht es auf der D71 für ca. 13 km weiter zum 650 m hoch gelegenen Bergdorf Speloncato im Herzen der Balagne.

Zentraler Punkt von Speloncato ist der kleine Dorfplatz mit dem Brunnen, sowie einigen wenigen Bars und Restaurants. Von hier kann man direkt in das Labyrinth aus kleinen verwinkelten Gassen eintauchen. Immer wieder muss man dabei durch Torbögen oder kleine Tunnel laufen, die teilweise mitten durch die Häuser führen. Durch die Gassen gelangt man immer höher in das Dorf und wird, hier oben, mit einem tollen Panoramablick belohnt.

Aussichtstipp:
Von Speloncato aus sollte man unbedingt auf der D63 einen Abstecher auf den Bocca di a Battaglia unternehmen. Auf der Fahrt hat man einen schönen Blick auf Speloncato und kann, oben angekommen, ein herrliches Panorama genießen.

Geschichte:
Direkt am Dorfplatz befindet sich das Hotel „A Spelunca" im ehemaligen Palast des Kardinals Savelli. Von Papst Pius IX, der von 1846-1878 mit über 31 Jahren die längste Amtszeit als Papst in der römisch-katholischen Kirche inne hatte, wurde Savelli zum Kardinal ernannt, dem zweithöchsten Amt in der römisch-katholischen Kirche.

Ausflugstipp:
Von Speloncato aus erreicht man nach 12 km in nordöstlicher Richtung auf der D71 das malerische Bergdorf Belgodère. Kleine Gassen und die tolle Aussicht sind lohnenswert. Von Belgodère sind es noch ca. 9 km auf der N197, bis man an der Küste direkt am schönen Strand von Lozari (17) herauskommt.

Unterkunftstipp:
Das kleine Hotel mit den individuell eingerichteten Zimmern in Belgodère beeindruckt durch die Terrasse mit dem grandiosen Ausblick und der schönen Lage.

Adresse:
Hotel Le Niobel
Lieu Dit Rimessa
F - 20226 Belgodère

Kontakt:
Tel.: 0495 613 400
www.leniobel.com

Gut zu verbinden mit: 17, 18, 19, 20, 21, 22, 23, 25, 26, 27

Nordwesten

Verlassenes Bergdorf Occi

Nordwesten

Kurzbeschreibung:
Das verlassene und versteckt auf einer Hochebene gelegene Bergdorf ist nur durch eine Wanderung ab Lumio zu erreichen.

Anfahrt: (GPS: 42°34'52" N und 08°49'56" E)
Man verlässt Calvi (26) auf der N197 in Richtung L'Île Rousse (18). Nach etwa 9 km folgt man der Abzweigung in den Ort Lumio. Man fährt fast durch den kompletten Ort und erreicht am Ortsausgang das Hotel „Chez Charles" auf der rechten Seite. Hier kann das Auto auf einem öffentlichen Parkplatz neben dem Hotel geparkt werden. Der Pfad, der nach Occi führt, beginnt unmittelbar hinter dem Hotel.

Die Wanderung zum verlassenen, auf 377 m Höhe gelegenen, Bergdorf dauert ca. 30 Min. Auf diesem Pfad wurden früher Waren mit Eseln ins Dorf transportiert. Da es nur bergauf geht, können sich diese 30 Min., je nach Temperatur und Kondition, zu einer schweißtreibenden Angelegenheit entwickeln. Das verlassene Bergdorf ist noch recht unbekannt. Mit etwas Glück wird man, oben angekommen, Ruhe und Stille an diesem besonderen und beeindruckenden Ort finden. Der letzte Einwohner starb 1918. Wegen Einsturzgefahr dürfen die verlassenen und verfallenen Häuserruinen nicht betreten werden. Die kleine, leider meist verschlossene Kirche, wurde mit Hilfe von Spenden des französischen Topmodels Laetitia Casta restauriert. Sie hat einen persönlichen Bezug hierher, da ihr Vater aus Lumio stammt.

Die Kirche in Occi ist alljährlich das Ziel einer an Pfingsten stattfindenden Prozession.

Geschichte:
Der Ort wurde bereits im 12. Jh. von Bauern gegründet, die hier oben als Selbstversorger lebten. Nachdem bereits Anfang des 20. Jh. der letzte Bewohner verstorben war, verfielen die verlassenen Häuser immer mehr.

Strandtipp:
Von Calvi aus zieht sich ein etwa 6 km langer, sandiger Strand in der weitläufigen Bucht nach Osten.

Campingtipp:
In den Bergen gelegener 6 ha großer Campingplatz mit Aussicht auf die Küste. Schöne Sonnenuntergänge können beobachtet werden. Swimmingpool und Restaurant vorhanden.
Geöffnet von Mai - September

Adresse:
Camping Le Panoramic
Route de Lavatoggio
F - 20260 Lumio

Kontakt:
Tel: 0495 607 313
Tel: 0682 248 449
info@le-panoramic.com
www.le-panoramic.com

Gut zu verbinden mit: 17, 18, 19, 20, 21, 22, 23, 24, 26, 27

Küstenort Calvi

Kurzbeschreibung:
Ein schöner Yachthafen, verschiedene Einkaufsläden und die Zitadelle machen den Besuch von Calvi sehr lohnenswert.

Anfahrt: (GPS: 42°33'40" N und 08°45'21" E)
Von L'Île Rousse (18) fährt man auf der N197 in westliche Richtung und erreicht nach ca. 24 km Calvi. In Calvi folgt man der Küstenstraße in Richtung „Centre" und „Zitadelle" bis zu einem großen Parkplatz auf der rechten Seite in der Nähe des Hafens.

Dies ist ein idealer Platz, um Calvi zu Fuß zu entdecken. Von hier geht es an der Hafenpromenade entlang zur Zitadelle mit alten Häusern und einer tollen Aussicht auf Calvi. Im Anschluss kann man gegenüber der Zitadelle, parallel zur Hafenpromenade, in der Einkaufsstraße zurück Richtung Parkplatz schlendern. Etwa auf halber Strecke dieser Einkaufsstraße befindet sich das Feinkostgeschäft „Annie Traiteur" auf der rechten Seite.

Geschichte:
Der bekannte Seefahrer Christoph Kolumbus soll 1451 in Calvi geboren worden sein. Dies ist bis heute jedoch nicht eindeutig bewiesen, da sowohl Calvi als auch Genua behaupten, Geburtsort von Kolumbus zu sein. Schriftliche Beweise fehlen. Berühmt wurde er, als er nach dem Studium nautischer Karten zu der Überzeugung kam, dass die Erde keine Scheibe sondern eine Kugel ist. Dies wollte er beweisen, indem er mit dem Schiff nach Westen aufbrach, um auf dem Seeweg nach Indien zu gelangen. So kam es, dass er am 12.10.1492 Amerika entdeckte. Bis zu seinem Tode war er überzeugt, Indien entdeckt zu haben. Beim Aufgang zur Zitadelle erinnert ein Denkmal an Christoph Kolumbus, der am 20.05.1506 in Spanien starb.

Restauranttipp:
In der Zitadelle auf der rechten Seite befindet sich das Restaurant „La Candella". Von der romantischen Terrasse aus kann man einen herrlichen Blick auf den Golf von Calvi genießen. Um einen der begehrten Plätze zu bekommen, sollte man vorher einen Tisch reservieren. Tel.: 0495 654 213

Einkaufstipp:
Das Feinkostgeschäft „Annie Traiteur" ist der ideale Ort, um für das nächste Picknick einzukaufen. Wer es beim Anblick all der Köstlichkeiten nicht länger erwarten kann, kann das Picknick auch gleich an einem der Stehtische neben dem Laden beginnen.

Aussichtstipp:
Von Calvi aus fährt man auf der Küstenstraße D81B in südwestlicher Richtung und erreicht nach ca. 3,5 km eine kleine Straße, die links nach oben zur Kapelle „Notre Dame de la Serra" abzweigt. Von hier oben hat man einen tollen Panoramablick.

Gut zu verbinden mit: 17, 18, 19, 20, 21, 22, 23, 24, 25, 27, 29

Nordwesten

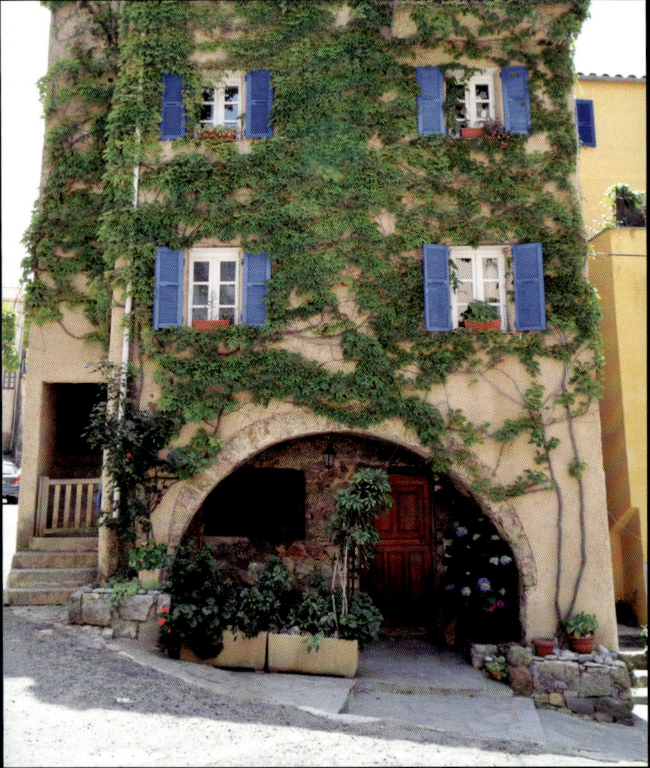

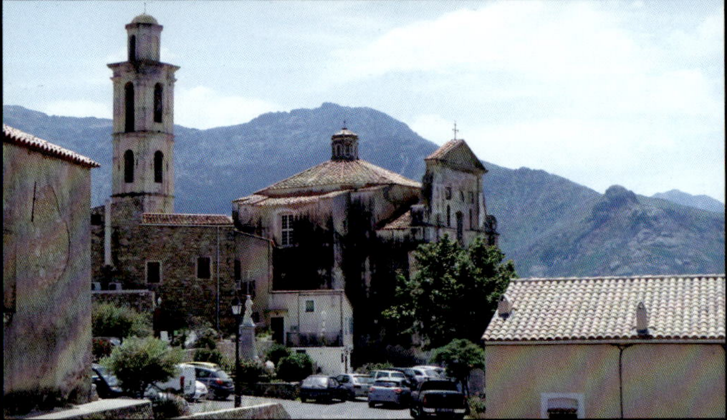

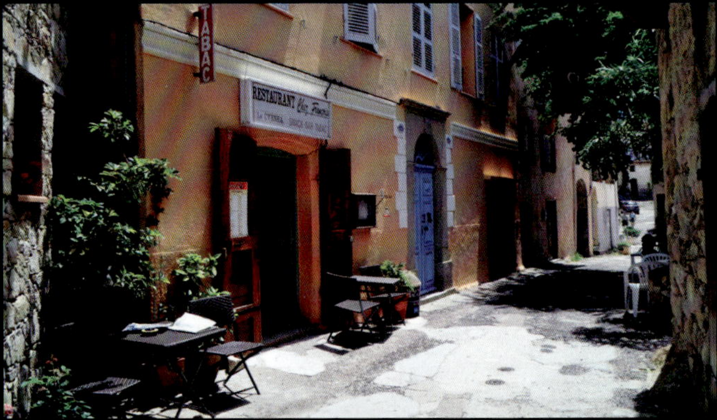
TABAC
RESTAURANT

Bergdorf Montemaggiore

Kurzbeschreibung:
Im Juli findet alljährlich ein großes Olivenfest in dem kleinen Bergdorf auf dem Felssporn statt.

Anfahrt: (GPS: 42°32'10" N und 08°52'25" E)
Von Calvi (26) fährt man auf der N197 Küstenstraße in Richtung L'Île Rousse (18). Bereits nach wenigen Kilometern zweigt eine Straße nach rechts Richtung Calenzana ab. Dieser folgt man ca. 0,7 km und biegt dann nach links auf die D451 ab. Nach ca. 9 km hat man Montemaggiore erreicht. Im Ort findet jedes Jahr an einem Wochenende im Juli ein großes Olivenfest statt. Angeboten werden Olivenprodukte und andere Köstlichkeiten.

Aussichtstipp:
Einen besonders schönen Ausblick auf die Bucht von Calvi hat man auf der Strecke von Cateri nach Montemaggiore.

Campingtipp:
Der gepflegte Campingplatz in der Bucht von Calvi befindet sich etwa 1,7 km östlich von Calvi. Bis zum Sandstrand sind es 300 m. Der Platz ist vom 15.05.-15.10. geöffnet.

Adresse:
Camping Paduella
Route Nationale 197
F - 20260 Calvi

Kontakt:
Tel: 0495 650 616
Fax : 0495 314 399
www.campingpaduella.com

Geschichte:
Die Korsen kämpften immer wieder während der Belagerungen für ihre Unabhängigkeit. So auch im 18 Jh. gegen die Genueser. Um die Aufstände zu beenden, bat Genua schließlich Kaiser Karl VI. um Hilfe. Dieser schickte 9.000 deutsche Söldner. Etwa 800 von ihnen hatten im Januar 1732 die Aufgabe, korsische Partisanen aufzuspüren, die sich im benachbarten Calenzana zusammen mit den Einwohnern verschanzten. Als die Söldner in die Gassen kamen, wurden sie bereits erwartet. Die zahlenmäßig unterlegenen Einwohner warfen Bienenstöcke aus den oberen Stockwerken der Häuser. Die aufgeschreckten Bienen begannen wild auf die überraschten Söldner einzustechen. Als diese ihre Waffen niederlegten, um die angreifenden Bienen mit den Händen abzuwehren, nutzten die Korsen die Gelegenheit und töteten 500 Söldner. Bei der Barockkirche „Saint-Blaise" erinnert eine Gedenktafel an die Toten.

Calenzana ist heute vor allem bei Wanderern bekannt. Hier beginnt oder endet der quer durch Korsika verlaufende GR20 Wanderweg, sowie der nicht ganz so lange Mare e Monti Nord.

Unterkunftstipp:
In Feliceto liegt das Boutique-Hotel „Cas'Anna Lidia - Hôtel De Charme" mit Whirlpool, beheiztem Außenpool und schönem Bergblick. www.hoteldecharme-corse.com Tel.: 0495 618 124

Gut zu verbinden mit: 17, 18, 19, 20, 21, 22, 23, 24, 25, 26

Kurzbeschreibung:

Im Fango-Tal mit dem gleichnamigen Fluss kann man sich herrlich in einer der zahlreichen Badegumpen erfrischen.

Anfahrt: (GPS: 42°21'52" N und 08°48'05" E)

Von Calvi (26) aus fährt man auf der D81, am Flughafen vorbei, Richtung Galéria bis zu einer langen Brücke, die sich über das meist ausgetrocknete Flussbett des Fango-Flusses erstreckt. Für diese etwa 27 km durch das Inland, muss man ca. 30 Min Fahrzeit einplanen. Alternativ kann man von Calvi aus auf der kurvenreichen Küstenstraße D81B nach etwa 33 km und etwa 50 Min. diese Brücke bei Galéria erreichen. Nachdem man die Brücke überquert hat, muss man links abbiegen und auf der D81 bleiben. Nach weiteren ca. 1,5 km hält man sich wieder links, um auf der D351 ins Fango-Tal zu gelangen.

Schöne Badegumpen und andere Badestellen entlang des Fango-Flusses bieten im Sommer eine willkommene Abkühlung. Das Auto wird in der Regel an geeigneter Stelle an der Straße abgestellt. Kleine Pfade führen hinunter zum Fango-Fluss. Besonders beeindruckend ist die Kulisse durch die umliegenden, teilweise über 2.500 m hohen Berge, die man vom Fango-Tal aus sieht.

Im nahegelegenen Galéria geht es noch recht ruhig zu. Es gibt Unterkünfte, Restaurants und kleine Supermärkte. Dadurch ist im Ort für das Wohl der Einheimischen und Urlauber gesorgt. An den schönen großen Kiesstränden wird man meist auch in der Hauptsaison ein ruhiges Plätzchen zum Erholen finden. Abends lassen sich hier wunderschöne Sonnenuntergänge erleben.

Restauranttipp:

Eine Oase der Ruhe mit herrlichem Blick in das Tal findet man im Restaurant „A Funtana" in Mont Estremo, ca. 11 km am Ende des Fango-Tals. Das Restaurant mit der schönen Terrasse liegt etwas versteckt am Hang gelegen am Ende des Dorfes. Tel.: 0495 343 603 und http://perso.orange.fr/afuntana/

Strandtipp:

Badefreunde können ab Calvi auf der D81B Küstenstraße nach Süden fahren und erreichen nach etwa 20 km den schönen Kiesstrand Crovani.

Wandertipp:

Die Wanderung beginnt man am besten an der imposanten Genueserbrücke, die den Fango am Beginn des Tals überspannt. Nach der Brücke verläuft der Pfad rechts am linken Flussufer entlang bis ins 3,5 km entfernte Tuarelli. Bei Tuarelli findet man einige schöne Badestellen. Der Rückweg erfolgt auf gleicher Strecke.

Gut zu verbinden mit: 29, 30, 31, 32, 34, 35, 36, 38

Nordwesten

Kurzbeschreibung:
Die Halbinsel „La Scandola" wurde 1983 von der UNESCO in die Liste des Weltnaturerbes aufgenommen.

Anfahrt: (GPS: 42°19'36" N und 08°37'57" E)
Das Naturreservat ist nur per Boot von Girolata (30), Porto (32), Cargèse (39), Sagone oder Calvi (26) aus zu erreichen.

Das seit 1975 geschützte Naturreservat „La Scandola" ist das älteste Naturschutzgebiet in Frankreich. Zum Schutz der Tiere und der Natur gelten strenge Regeln. So ist z.B. zelten, Feuer machen, jagen, fischen oder das Mitnehmen von Pflanzen und Mineralien streng verboten. In dem geschützten Gebiet leben auch seltene Tiere, wie der Fischadler, Wanderfalken und Kormorane. Die früher hier auch lebenden Mönchsrobben sind leider nicht mehr dort zu sehen.

Diese einzigartige ca. 250 Millionen Jahre alte Vulkanlandschaft, mit aus dem Meer ragenden rötlichen und bizarren Vulkangestein, ist sehr sehenswert. Mit dem Boot fährt man an der Küste entlang, an Schluchten, Grotten, Inseln und aus dem Meer herausragenden Felsnadeln vorbei. Sehenswert ist aber auch die Unterwasserwelt mit ihren Korallen, Tieren und Pflanzen bei der Halbinsel. Einige Ausflugsboote verfügen sogar über einen Glasboden, um einen Blick in die Unterwasserwelt zu ermöglichen. In Porto werden zudem Tauchgänge angeboten.

Ausflugstipp:
Von Cargèse im Süden oder von Calvi im Norden werden auch zahlreiche Tagesausflüge angeboten. Die Ausflüge mit dem Boot sind nicht ganz günstig, aber lohnenswert, um die beeindruckende Landschaft auch vom Meer aus zu genießen. Ab Girolata und Porto werden ebenfalls Bootstouren in das Naturreservat angeboten. Da die Strecke von hier wesentlich kürzer ist, dauern diese Ausflüge nicht so lange und sind auch entsprechend günstiger.

Aussichtstipp:
Einen herrlichen Panoramablick auf den Golf von Girolata hat man von der D81 am Col de la Croix 269 m, hoch über dem Ort Osani gelegen und auf den folgenden 12 km bis zum 408 m hoch gelegenen Col de Palmarella, direkt an der D81 Richtung Norden. Beim Bergdorf Piana (36) ist ebenfalls ein Aussichtspunkt beschrieben, von dem aus man ebenfalls einen sehr schönen Blick auf den Golf von Porto und den Golf von Girolata genießen kann. Im Naturreservat nisten die letzten Fischadlerpaare.

Hinweise:
• Das geschützte Gebiet ist nur per Boot zu erreichen
• Es gelten strenge Regeln im Naturschutzgebiet
• Der Ausflug ist nicht günstig, aber lohnenswert

Gut zu verbinden mit: 26, 28, 30, 31, 32, 34, 35, 36, 38, 39

Nordwesten

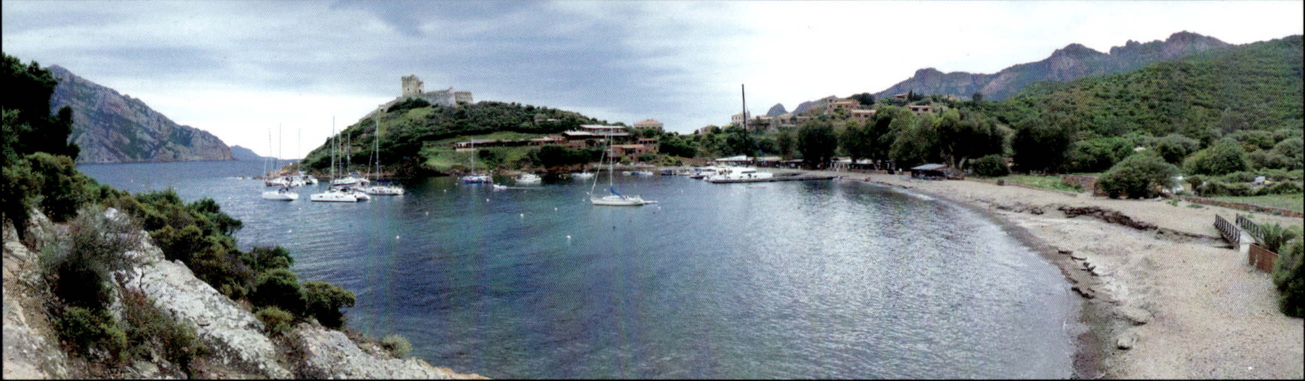

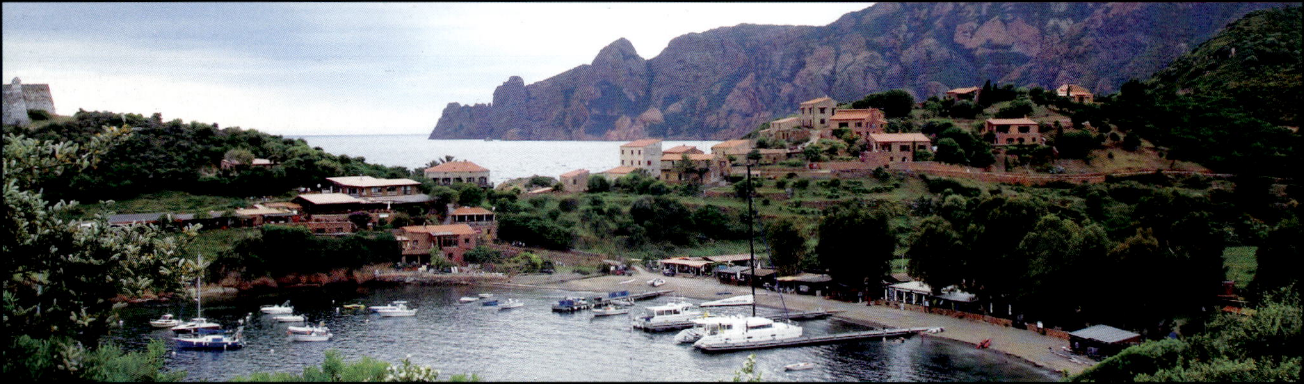

Wanderung nach Girolata

Kurzbeschreibung:
Schöne Wanderung zu einem idyllischen, kleinen Küstenort, der nur per Wanderung oder mit dem Boot erreicht werden kann.

Anfahrt: (GPS: 42°19'36" N und 08°37'57" E)
Von Galéria (28) fährt man auf der D351 für ca. 3,5 km, bis links eine lange Brücke über ein meist trockenes Flussbett abzweigt. An dieser Abzweigung fährt man geradeaus auf der D81 weiter in Richtung Osani und Porto (32). Kurz vor der Abzweigung nach Osani erreicht man nach ca. 24 km, am Scheitelpunkt eines Berges, einen Kiosk mit Parkplatz auf der rechten Seite. Der Parkplatz am Col de la Croix ist der Ausgangspunkt für die Wanderung. Von Porto aus erreicht man den Parkplatz nach ca. 22 km auf der D81, kurz nach der Abzweigung nach Osani.

Wanderung:
Der steinige Wurzelpfad beginnt am Kiosk in 269 m Höhe und führt durch teilweise schattenspendenes Buschwerk an einer Quelle vorbei, bis man nach ca. 45 Min. auf Meereshöhe am Plage de Tuara angekommen ist. An der anderen Seite des Strandes muss man sich etwas rechts halten und folgt dem steinigen Pfad bergauf mit den orange-farbigen Markierungen. Nach etwa 30 Min. hat man den Bergrücken erreicht und folgt dem Schild mit der Aufschrift „Ghjirulatu" nach Girolata. Von dieser Anhöhe führt der Wanderweg bergab und man kann schon bald einen ersten Blick auf den idyllisch gelegenen Ort

genießen. Nach etwa 30 Min. hat man Girolata erreicht und kann Rast in einer der Bars in der kleinen Bucht machen. Der Ort besteht nur aus wenigen Häusern und einem alten Fort aus genuesischer Zeit. Da Girolata auch von vielen Ausflugsbooten angelaufen wird, ist der Ort je nach Tageszeit oft recht gut besucht. Der Rückweg kann auf gleichem Weg erfolgen. Wer schwindelfrei ist, sollte direkt nach dem Strand rechts beim kleinen Friedhof abzweigen und dem Schild in Richtung „Chemin du Facteur" folgen. Der schmale Küstenpfad verläuft teilweise bis ca. 100 m über dem Meer. Immer wieder bieten sich grandiose Ausblicke auf Girolata. Nach ca. 45 Min. und kleinen Kletterpartien endet der Küstenpfad am Plage de Tuara. Von hier geht es stetig bergauf, bis man nach ca. 1 Std. den Ausgangspunkt der Wanderung erreicht hat.

Hinweise:
- Reine Gehzeit mit Hin- und Rückweg ca. 4 Std.
- Schwierigkeitsgrad: mittel, Kondition erforderlich
- Bergauf und bergab jeweils ca. 600 Höhenmeter
- Wegmarkierungen: Orange farbige Markierungen
- Mittagshitze meiden, da kaum Schattenplätze vorhanden
- Wanderschuhe notwendig
- Bei Nässe ist die Wanderung nicht zu empfehlen, da die felsigen Kletterpartien zu rutschig sind.

Gut zu verbinden mit: 28, 29, 31, 32, 34, 35, 36, 38

Nordwesten

Strand von Bussaglia

Kurzbeschreibung:
Beim Traumstrand von Bussaglia handelt es sich um einen der schönsten Kiesstrände auf Korsika.

Anfahrt: (GPS: 42°16'57" N und 08°41'24" E)
Von Galéria (28) kommend fährt man auf der D81 in südlicher Richtung am 408 m hohen Col de Palmarella und dem 269 m hohen Col de la Croix oberhalb von Osani vorbei. Nach weiteren ca. 17 km zweigt beim Hotel „Eden Park" eine Stichstraße rechts zum Strand von Bussaglia ab. Von Porto (32) fährt man auf der D81 nach Norden und erreicht nach einem spektakulären, in die Felsen gehauenen Straßenabschnitt hoch über dem Meer die Abzweigung zum Strand.

Restauranttipp:
Am schönen Kiesstrand von Bussaglia kann man in den Restaurants bei herrlicher Aussicht speisen. Von den Restaurantbesitzern werden auch Sonnenschirme und Liegen vermietet. Am Strand ist ein großer kostenloser Parkplatz vorhanden, der auch für große Wohnmobile geeignet ist.

Ausflugstipp:
Lohnend ist ein Ausflug ins verlassene Dorf Tassu. Hierzu muss man von Porto für ca. 13 km auf der schmalen D84 Richtung Evisa fahren und dann rechts der D24 nach Marignana folgen. In Marignana muss man sich links halten und kann das Auto am Ortsausgang beim Friedhof parken. Von da ab kann man auf dem orangefarbig markierten Weg in einem großen Rechtsbogen nach Tassu wandern. Nach ca. 1,2 km, an der Weggabelung, muss man sich links halten und erreicht kurze Zeit später das verlassene Dorf Tassu mit den Hausruinen.

Strandtipp:
Alternativ kann man ab der Abzweigung, die zum Bussaglia Strand führt, auf der D81 für 8 km in nördlicher Richtung bis nach Partinello fahren. Hier muss man links von der D81 abzweigen und folgt der D324, die in etwa 3 km hinab zum Strand von Caspiu führt. Etwas weiter nördlich kann man kurz vor dem Col de la Croix nach Osani abbiegen. Wenn man der D424 von Osani weiter folgt, endet die Straße in einer Bucht am Strand von Gratelle. Dieser ist ein mit Kieselsteinen durchsetzter Sandstrand.

Badetipp:
Um zu den Naturbadebecken „Piscines d'Aitone" im Wald von Aitone zu gelangen, fährt man von Porto kommend auf der D84 durch Evisa bis zu einer T-Kreuzung. Hier bleibt man auf der D84 und fährt links ca. 2 km Richtung Corte (15,16). Nachdem das Auto hier geparkt wurde, kann man in 15 Min. zu den natürlichen Badebecken und dem Wasserfall wandern.

Gut zu verbinden mit: 28, 29, 30, 32, 33, 34, 35, 36, 37, 38

Kurzbeschreibung:
Die Anfahrt nach Porto von Norden, sowie von Süden auf der D81 Küstenstraße, zählt zu den schönsten Strecken auf Korsika.

Anfahrt: (GPS: 42°16'05" N und 08°41'39" E)
Von Galéria (28) im Norden benötigt man knapp 1 Std. für die 50 km auf der D81 bis Porto. Von Piana (36) kommend, sind es ca. 15 Min. bis nach Porto. Diese atemberaubende Strecke zählt zu den Highlights auf Korsika und führt durch die Calanche (34,35). Dieser Straßenabschnitt ist für Fahrzeuge über 3,5 t gesperrt.

Der Golf von Porto wurde mit der Calanche und dem Naturreservat „La Scandola" (29) 1983 von der UNESCO in die Liste des Weltnaturerbes aufgenommen. Der im Tal liegende Küstenort Porto liegt an der Stelle, an der der Fluss Porto ins Meer mündet. Eine Stichstraße führt von der Küstenstraße in den Ort hinein. Im kleinen Zentrum, unweit des Turmes, können Interessierte ein Meeresaquarium für 5,50 € Eintritt besichtigen. Im Mündungsgebiet gibt es einen kleinen Hafen. Das Leben spielt sich in Porto hauptsächlich im übersichtlichen Zentrum am Fuße des Genueserturms ab. Hier gibt es Unterkünfte, Restaurants, Bars und Supermärkte. Abends lassen sich hier von der Uferpromenade traumhafte Sonnenuntergänge beobachten. Im Mündungsbereich befindet sich ein ca. 500 m breiter Kiesstrand mit angrenzendem Parkplatz. Hier ist Vorsicht beim Baden geboten, da es gefährliche Strömungen geben kann.

Aussichtstipp:
Auffallend ist der wuchtige Genueserturm mit seinem viereckigem Querschnitt auf einem großen Felsen über dem Meer. Der Turm ist von 9:00-19:00 Uhr geöffnet. Die Besichtigung kostet 2,50 € Eintritt. Im Juli und August ist abends länger geöffnet.

Restauranttipp:
Direkt am Meer gelegen befindet sich das Restaurant „La Mer" in Porto. Es ist das letzte Restaurant auf der rechten Seite. Man sitzt erhöht auf einer Terrasse und kann von hier bei leckerem Essen wunderschöne Sonnenuntergänge genießen.

Ausflugstipp:
Vom Hafen aus werden verschiedene Bootstouren angeboten. Meist handelt es sich um Tourenpakete, die mehrere der folgenden Sehenswürdigkeiten beinhalten:
• Küstenort Girolata (30)
• Naturreservat „La Scandola" (29)
• Calanche (34)
• Grotte beim Capu Rossu (37)

Wandertipp:
Von Evisa gibt es einen schönen Wanderweg mit 600 Höhenmetern bergab durch die Spelunca-Schlucht bis nach Ota.

Gut zu verbinden mit: 28, 29, 30, 31, 33, 34, 35, 36, 37, 38

Nordwesten

Kurzbeschreibung:
Abwechslungsreiche Wanderung in den Bergen zu den Wasserfällen „Cascades de Radule".

Anfahrt: (GPS: 42°17'50" N und 08°53'07" E)
Von Porto (32) kommend, fährt man rechterhand der Schlucht auf einer beeindruckenden und teilweise schmalen Bergstraße ins Landesinnere Richtung Evisa. Immer wieder bieten sich atemberaubende Ausblicke in die Spelunca-Schlucht, bis man von Porto aus nach ca. 22 km das Bergdorf Evisa erreicht. Etwa 1 km vor Evisa genießt man einen besonders schönen Blick in die Schlucht. Nach Evisa biegt man links auf die D84 Richtung Col de Vergio ab und fährt weiter an Aitone vorbei, bis man zu einer großen auf einer Halbkugel stehenden Statue auf der Passhöhe am Col de Vergio kommt. Von hier geht es am Hotel „Castel de Vergio" vorbei, bis man nach ca. 4 km den Wanderparkplatz in einer Haarnadelkurve erreicht.

Die Wanderung beginnt an der gegenüberliegenden Straßenseite. Hier führt ein Pfad in den Wald hinein. Nach ca. 150 m zweigt der Wanderweg kurz nach einer Bachüberquerung links an einem Holzschild ab. Man folgt dem Wurzel-Steinpfad mit den blauen Markierungen, auf dem später rot-weiße Markierungen des GR20 Wanderwegs dazukommen, und erreicht nach ca. 1,7 km die auf 1.370 m Höhe gelegene und in der Hochsaison geöffnete „Bergerie de Radule". Von

dort folgt man dem Pfad weiter und überquert den Golo auf einer Holzbalkenbrücke. Kurz nach der Brücke zweigt der GR20 nach links in die Berge ab. Die Tour trennt sich hier wieder vom GR20 und man wandert rechts auf dem Pfad bergab. Kurze Zeit später erreicht man die Wasserfälle, die in mehreren Kaskaden in die Tiefe stürzen und das Wasser in Becken sammeln. Zu den blauen Markierungen kommen nun orangelilafarbige Markierungen hinzu. Man wandert durch ein breites Tal mit traumhafter Aussicht, bis es wieder bewaldeter wird. Bevor man auf den Golo-Fluss trifft, zweigt die orangelilafarbige Route nach Albertacce ab. Hier läuft man geradeaus, den blauen Markierungen folgend, überquert den Golo-Fluss auf im Wasser liegenden Steinen und gelangt an der anderen Uferseite in ein Waldgebiet. In Serpentinen geht es bergauf, bis man wieder, kurz vor dem Wanderparkplatz, auf die erste Abzweigung der Wanderung trifft.

Hinweise:
• Reine Gehzeit des Rundwegs: ca. 2,5 Std.
• Streckenlänge: ca. 4,5 km

Unterkunftstipp:
Für Naturliebhaber, Ruhesuchende und Wanderfans sind die oberhalb von Calacuccia gelegenen 3 Ferienhäuser ein echter Geheimtipp! www.leschaletsdelozzi.fr Tel.: 0667 674 761

Gut zu verbinden mit: 31, 32, 34, 35, 36, 38

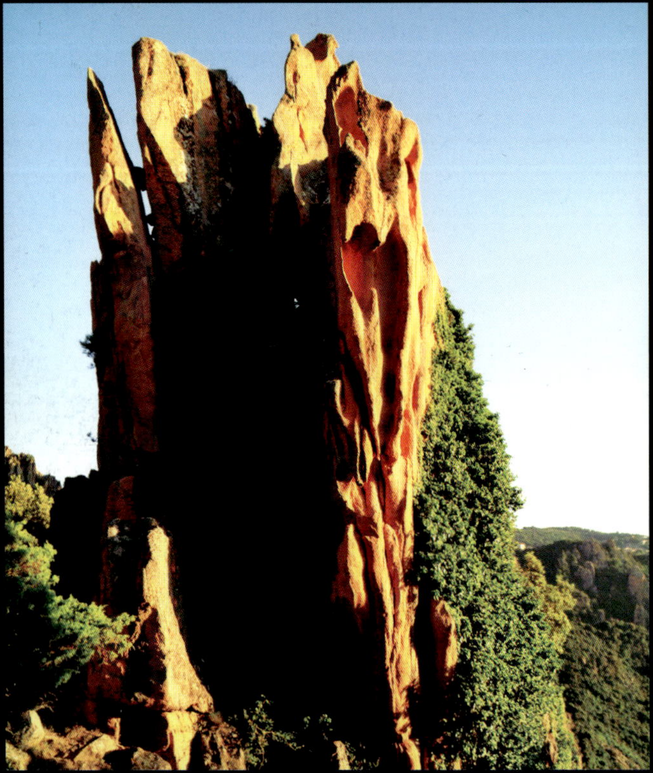
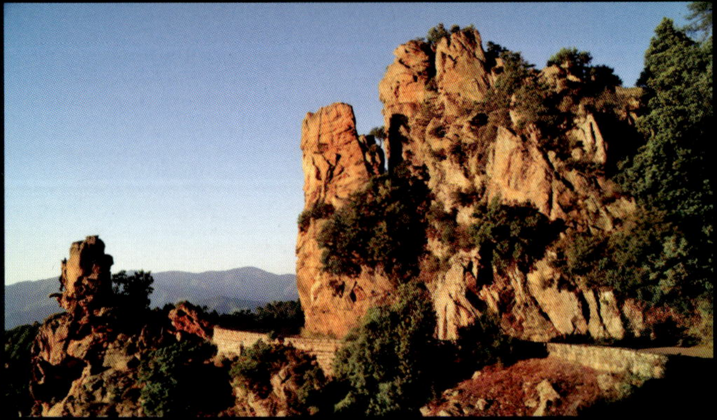
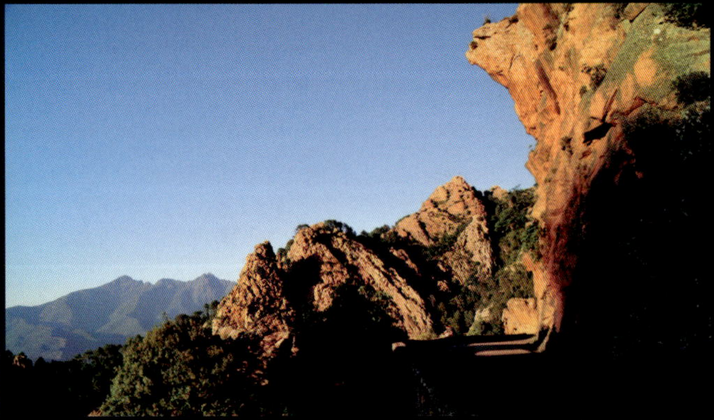

Kurzbeschreibung:

Die Fahrt durch die Calanche ist ein besonderes Erlebnis und sollte auf keiner Korsikareise fehlen.

Anfahrt: (GPS: 42°14'44" N und 08°39'15" E)

Wegen der schmalen Straße und den Felsüberhängen, ist die Fahrt von Porto (32) nach Piana (36) für Fahrzeuge über 3,5 t gesperrt. Von Porto aus fährt man in Richtung Piana, bevor man nach ca. 7 km kurz vor den Calanchefelsen in einem Waldstück den kleinen, unbefestigten Parkplatz zum „Château Fort" (35) erreicht. Etwa 750 m später ist man an der Snackbar „Les Roches Bleues" mit einer schönen Aussichtsterrasse angekommen. Von hier sind es noch ca. 3 km durch die bizarre Felslandschaft, bis zum schönen Bergdorf Piana.

Die Fahrt mit dem Auto durch die Felslandschaft der Calanche zählt zu den schönsten Streckenabschnitten auf Korsika. Wenn man von Piana aus in die Calanche fährt, sieht man linkerhand, auf dem ersten längeren, felsigen Streckenabschnitt, einen Felsen, dessen Anblick besonders bei verliebten Paaren hoch im Kurs steht. Grund ist ein großes Loch in Form eines Herzes im Fels. Es gibt immer wieder kleine Parkbuchten, in denen man das Auto parken kann, um die Landschaft zu bestaunen. Besonders im Juli und August sind die wenigen Parkmöglichkeiten schnell belegt. Eine gute Alternative, die Calanche zu entdecken, ist die rechts beschriebene Wanderung.

Wanderungen in der Calanche:

Wer die schöne und einzigartige Landschaft genauer erkunden möchte, hat die Möglichkeit, die Calanche bei verschiedenen Wanderungen zu entdecken.

Neben der sehr lohnenswerten Kurzwanderung zum „Château Fort" (35) gibt es auch eine aussichtsreiche und schöne Tour auf dem alten Maultierpfad, welcher Ota mit Piana verbindet. Ausgangspunkt ist der Parkplatz am Fußballplatz von Piana. Um zum Fußballplatz zu gelangen, muss man von Piana in Richtung Porto fahren. Etwa 1 km nach dem Hotel „Les Roches Rouges" zweigt eine kleine Straße nach rechts zum Fußballplatz ab. Hier beginnt der Wanderweg und führt zunächst durch ein Waldgebiet, bis man auf einem aussichtsreichen Höhenweg oberhalb der Straße durch die Calanche wandert. Der Pfad führt später hinab zur Straße, auf der man zurück zum Ausgangspunkt laufen kann. Wer möchte, kann auch auf gleicher Strecke zurück zum Fußballplatz wandern. An der Straße durch die Calanche befindet sich oberhalb der Snackbar „Les Roches Bleues" ein brauner Wegweiser mit der Aufschrift „Capu d' Ortu". Dieses ist ebenfalls eine schöne Einstiegsstelle für die Tour. Hier folgt man dem anfangs steil ansteigenden Pfad und wandert dann oberhalb der Straße durch die Calanche in Richtung Piana bis zum Fußballplatz. Der Rückweg erfolgt entlang der Straße.

Gut zu verbinden mit: 28, 29, 30, 31, 32, 33, 35, 36, 37, 38, 39

Nordwesten

Kurzbeschreibung:

Der Aussichtsfelsen „Château Fort" zählt zu den schönsten Plätzen auf Korsika, um den Sonnenuntergang zu genießen.

Anfahrt: (GPS: 42°15'10" N und 08°39'27" E)

Von Porto (32) fährt man in Richtung Piana (36) und erreicht nach ca. 7 km, kurz vor den Calanchefelsen, in einem Waldstück einen kleinen Parkplatz in einer 180° Kurve. Am Parkplatz steht ein Wegweiser zum „Château Fort". Von Piana kommend durchquert man die Calanche und erreicht etwa 750 m nach der Snackbar „Les Roches Bleues" den Parkplatz in der Haarnadelkurve. Beim Abbiegen auf den nicht asphaltierten Parkplatz ist Vorsicht geboten, da man über einen großen Absatz von der Straße auf den Parkplatz fahren muss. Dies ist der Ausgangspunkt, um zum abgebildeten Aussichtspunkt zu gelangen.

Vom Parkplatz aus läuft man geradeaus in das kleine Wäldchen hinein und muss sich am ersten großen Felsen rechts halten. Der Weg zum Aussichtsfelsen ist nicht sehr weit und in ca. 30 Min. zu meistern. Auf dem schlecht markierten Pfad muss man jedoch aufpassen, dass man sich nicht verläuft. Mehrere eingetretene Pfade enden im Nichts. Vereinzelt weisen von Wanderern aufgetürmte Steinmännchen oder rote Farbpunkte den Weg. Der Weg zwischen den Bäumen, Büschen und Felsen ist steinig und wurzelig. Daher sollte man geeignete Schuhe anziehen, um zum „Château Fort" laufen zu können.

Die rötliche Färbung der Felsen kommt durch den hohen Eisenoxidanteil des Gesteins. Die löchrigen Felsen werden auch „Tafoni" genannt. Wissenschaftler vermuten, dass die Entstehung der „Tafoni" teilweise schon vor 150.000 - 190.000 Jahren begann. Durch Witterungseinflüsse, wie Temperaturschwankungen, Regen- fälle und intensive Sonneneinstrahlung werden im Gestein Eisenoxidhydrate abgeschieden, die dann harte Verkrustungen bilden. Unter dieser harten Kruste wurden im Laufe vieler tausend Jahre durch Wasser weichere Teile des Steins ausgeschwemmt. Wenn die harten Krusten dann zusammenbrechen, werden die entstandenen Hohlräume sichtbar.

Picknicktipp:

Der beschriebene Aussichtsfelsen auf dem großen Felsplateau eignet sich perfekt für ein romantisches Picknick, wenn die Abendsonne die Felsen der Calanche in ein warmes rotes Licht hüllt. Vorteilhaft ist es hier, eine Taschenlampe mitzunehmen und sich nicht zu spät auf den Rückweg zu machen, da der wurzelige und steinige Pfad im Dunkeln nicht ungefährlich ist.

Hinweise:

Die Strecke ist für Fahrzeuge über 3,5 t gesperrt. Auf dem Parkplatz kam es schon mehrfach zu Autoaufbrüchen. Daher sollte man, wie überall, keine Wertsachen im Auto lassen.

Gut zu verbinden mit: 28, 29, 30, 31, 32, 33, 34, 36, 37, 38, 39

Nordwesten

Bergdorf Piana

Kurzbeschreibung:
Besonders die Lage nahe der Calanche (34) und die Panorama-aussicht zeichnen den kleinen Ort Piana aus.

Anfahrt: (GPS: 42°14'17" N und 08°37'15" E)
Von Porto (32) erreicht man Piana auf der D81 nach ca. 12 km durch die beeindruckende Calanche (34,35). Die Strecke ist für Fahrzeuge über 3,5 t gesperrt. Für größere Fahrzeuge emp-fiehlt sich, die Korsikarundfahrt von Porto über Evisa, Corte (15,16) nach Ajaccio (41,41) durchzuführen. Von Cargèse (39) sind es ca. 19 km auf der D81 bis nach Piana.

Am kleinen Dorfplatz bei der Kirche spielt sich das Leben in dem sonst eher überschaubaren und ruhigen Ort ab. Auf einem Spa-ziergang durch den Ort wird man zahlreiche schöne Fotomotive entdecken. Der Ort eignet sich ideal für Entdeckungstouren in die nahegelegene Calanche.

Aussichtstipp:
Aus Richtung Cargèse kommend zweigt am Ortseingang von Piana gegenüber dem Hotel „Scandola" eine Straße links ab. Hier muss man dem Hinweisschild „Belvedere de Saliccio" folgen und erreicht den Aussichtspunkt mit der Funkstation nach 2,2 km. Ein idealer Platz, um in der Wiese ein Picknick bei wunderschönem Panoramablick auf den Golf von Porto zu genießen.

Strandtipp:
In der Ortsmitte von Piana biegt man beim Hinweisschild in Richtung Vistale und Plage d' Arone auf die D824 ab. Nach etwa 1 km zweigt eine kleine Straße nach rechts hinunter zum Strand von Ficajola ab. Nach weiteren 4 km erreicht man auf der beein-druckenden Serpentinenstraße die von hohen Felsen eingerahmte Bucht mit dem Sandkiesstrand und dem türkisblauen Wasser. Alternativ lohnt auch ein Abstecher zum Strand von Arone (38).

Restaurant- und Unterkunftstipp:
Auch wenn es den Charme eines betagten Nobelhotels hat, handelt es sich bei dem Hotel „Les Roches Rouges" nur um ein Hotel mit zwei Sternen. Die Zimmer sind entsprechend ein-fach. Die Lage hoch über dem Golf von Porto, die einmalige Aussichtsterrasse, der Charme längst vergangener Zeiten und das edle Restaurant erzeugen zusammen ein ganz besonderes Ambiente und lohnen einen Besuch. Das Hotel-Restaurant be-findet sich am Ortsausgang von Piana in Richtung Porto auf der linken Seite und ist über eine kleine Zufahrt zu erreichen.

Adresse:
Hotel Les Roches Rouges
Route de Porto
F - 20115 Piana

Kontakt:
Tel.: 0495 278 181
Fax.: 0495 278 176
hotellesrochesrouges@wanadoo.fr
www.lesrochesrouges.com

Gut zu verbinden mit: 28, 29, 30, 31, 32, 33, 34, 35, 37, 38, 39

Kurzbeschreibung:
Ein traumhaftes Panorama begleitet einen auf der gesamten Strecke bis zum Genueserturm auf dem Capu Rossu.

Anfahrt: (GPS: 42°14'07" N und 08°35'01" E)
In Piana (36) biegt man beim Hinweisschild in Richtung Vistale und Plage d'Arone (38) ab und erreicht nach ca. 6 km auf der D824 einen Parkplatz mit einer Snackbar auf der rechten Seite. Hier beginnt die Wanderung zum Capu Rossu.

Wanderung:
Bereits vom Parkplatz hat man das Ziel der Tour, den Genueserturm auf dem Capu Rossu, im Blick. Man folgt dem Pfad, der rechts am Parkplatz beginnt und in Richtung Capu Rossu führt. Nach etwa 15 Min. passiert man ein Gatter. Von hier geht es weitere ca. 45 Min. auf dem steinigen und unbefestigten Pfad bergab, bis man eine Senke erreicht. Auf dieser Strecke bieten sich immer wieder traumhafte Aussichten auf die Küste. Kurz nachdem der Anstieg zum Genueserturm auf dem Capu Rossu beginnt, läuft man auf ein zweigeschossiges verlassenes Steinhaus zu. Etwa 50 m vor diesem Haus zweigt der Pfad auf den Berg nach rechts ab. Der Pfad wird steiler und felsiger. Je höher man kommt, desto schwerer wird es, den schlecht markierten Weg zu finden. Immer wieder gabelt sich der schmale, felsige Pfad. Die beste Orientierung bieten immer wieder die von anderen Wanderern aufgetürmten Steinmännchen.

Von der Senke mit dem Steinhaus sind es ca. 45 Min. Aufstieg, bis man den Genueserturm erreicht hat. Oben angekommen, lohnt eine Rast, um die beeindruckende Aussicht zu genießen. Über eine steile, ungesicherte Außentreppe gelangt man ins Innere des Genueserturms. Hier ist Vorsicht geboten. Im Inneren des Turms kann man über eine enge gemauerte Treppe, die innerhalb der Turmmauer verläuft, auf die Aussichtsplattform des Turms gelangen. Von hier bietet sich ein herrlicher Panoramablick auf die Küste vom vorgelagerten Capu Rossu. Der Blick reicht von Girolata (30) im Norden bis nach Cargèse (39) im Süden. Der Rückweg erfolgt auf gleicher Strecke. Besonders das letzte Stück von der Senke bergauf zum Parkplatz zieht sich.

Hinweise:
- Reine Gehzeit für Hin- und Rückweg ca. 3,5 Std.
- Schwierigkeitsgrad: mittel, etwas Kondition erforderlich
- Hin- und Rückweg mit jeweils ca. 500 Höhenmeter
- Auf dem Pfad geht es fast immer bergauf oder bergab
- Wegmarkierungen: Steinmännchen
- Mittagshitze meiden, da kaum Schattenplätze vorhanden
- Wanderschuhe notwendig
- Steiniger Pfad mit leichten Kletterpartien zum Capu Rossu
- Bei Nässe ist die Wanderung nicht zu empfehlen, da die felsigen Kletterpartien zu rutschig sind.

Gut zu verbinden mit: 29, 31, 32, 34, 35, 36, 38, 39

Nordwesten

Kurzbeschreibung:
Wunderschöner feiner, weißer Sand und türkisblaues Wasser machen den Strand zu einem der schönsten auf Korsika.

Anfahrt: (GPS: 42°12'29" N und 08°34'50" E)
In der Ortsmitte von Piana (36) biegt man beim Hinweisschild in Richtung Vistale und Plage d'Arone ab und erreicht nach ca. 6 km auf der D824 rechter Hand einen Parkplatz mit einer Snackbar. Von hier folgt man der Straße weiter und erreicht nach ca. 4,5 km eine Gabelung. Hier muß man sich links halten und erreicht nach einem weiteren Kilometer den Strandparkplatz sowie einige Strandbars. Wenn man an der Gabelung rechts abbiegt, erreicht man das edle Restaurant „Le Casabianca", das direkt oberhalb an den Plage d'Arone angrenzt. Das Ambiente, die schöne Lage, sowie das leckere Essen zeichnen dieses besondere Restaurant aus.

Campingtipp:
Die schöne abgeschiedene Lage des Campingplatzes „Plage d'Arone" am gleichnamigen Strand werden Ruhesuchende zu schätzen wissen. Die nächste Einkaufsmöglichkeit befindet sich im 12 km entfernten Piana. Geöffnet von 15.05.-30.09.

Adresse: **Kontakt:**
Campingplatzes   Tel.: 0495 206 454
Plage d'Arone   Tel.: 0495 278 204
F-20115 Piana

Geschichte:
In der Bucht von Arone wurden in der Nacht vom 06. auf den 07.02.1943 mit dem französischen U-Boot „Casabianca" Waffen und 100 Elitesoldaten an Land gebracht, um den korsischen Widerstand gegen die 80.000 italienischen Soldaten, die im Zweiten Weltkrieg Korsika besetzten, zu unterstützen. Der Turm des über 92 m langen U-Boots „Casabianca" steht heute als Denkmal an der Nordost-Ecke des großen „Place Saint-Nicolas" in der Nähe des Fährhafens von Bastia (1).

Restauranttipp:
Ein echter Geheimtipp ist das stilvolle Restaurants „Le Casabianca". Man speist gut auf der Terrasse mit tollem Blick auf den Plage d'Arone. Tel.: 0495 207 040 www.lecasabianca.com

Unterkunftstipp:
Die Unterkunft mit 18 in mediterranen Stil gebauten Appartements liegt nur 200 m vom Arone Strand entfernt. Die Anlage besteht aus einem großen Garten, in die die Appartements eingebettet sind, sowie einem Pool und Restaurant.

Adresse: **Kontakt:**
Residence de Charme Marina d'Arone Tel.: 0495 230 146
Lieu dit Arone Carrio / Plage d'Arone Mobile.: 0618 979 337
F - 20115 Piana   E-mail: marina-arone@wanadoo.fr

Gut zu verbinden mit: 28, 29, 30, 31, 32, 33, 34, 35, 36, 37, 39

Nordwesten

Die schönsten Autotouren: Nordwest 1

Kurzbeschreibung: (ca. 67 km, Fahrzeit ca. 90 Min.)
Malerisch gelegene Bergdörfer mit kleinen Gässchen sind die Höhepunkte auf dieser Fahrt durch die Balagne. Traumhafte Panoramablicke und ein Strandbesuch runden die Tour ab.

Die Tour beginnt im Küstenort L'Île Rousse (18). Hier muss man sich Richtung Calvi (26) halten und am Ortsausgang bei einem großen, an der Straße liegenden, Obststand die D151 nach links in die Berge, Richtung Corbara und Pigna (20,21), abbiegen. Von dieser Abzweigung fährt man über Corbara bis in das Künstlerdorf Pigna. Nach einem Spaziergang durch das Dorf, kann man einen Abstecher in das 3 km entfernte Aregno (22) machen, bevor es weiter nach Sant' Antonino (23) mit seinen kleinen Gassen geht. Von Sant' Antonino aus fährt man in südlicher Richtung auf der D151 und D71 an Avapesso und Murato vorbei bis in das 8 km entfernte Muro. Hier folgt man der D71 weiter in östlicher Richtung über Feliceto und erreicht nach weiteren ca. 13 km das im Herzen der Balagne gelegene Bergdorf Speloncato (24) mit schönen Ausblicken. Nach einem Bummel durch die Gassen und der Fahrt auf den Bocca di a Battaglia folgt man der D71 für weitere 12 km und erreicht das Bergdorf Belgodère. Nach einem weiteren Spaziergang muss man sich in Belgodère links halten, um auf der N197 in ca. 9 km an die Küste zu gelangen. Auf der Küstenstraße biegt man nach rechts ab und erreicht nach ca. 0,5 km die Zufahrt zum Lozari Strand (17). Nach einem Strandbesuch geht es auf der N197 zurück in das ca. 8 km entfernte L'Île Rousse.

Die schönsten Autotouren: Nordwest 2

Kurzbeschreibung: (ca. 56 km, Fahrzeit ca. 75 Min.)
Calvi mit seiner hübschen Zitadelle, eine kleine Wanderung zum verlassenen Bergdorf Occi sowie drei schöne Bergdörfer werden bei dieser Tour besucht. Die Fahrt lässt sich gut mit einem Abschluss am Strand von Bodri verbinden.

Die Tour beginnt in Calvi (26) mit einem Stadtbummel am Hafen zur beeindruckenden Zitadelle der Stadt. Im Anschluß fährt man auf der Küstenstraße N197 für ca. 9 km in Richtung L'Île Rousse (18) und folgt der Abzweigung in den Ort Lumio. Am Ortsausgang von Lumio, beim Hotel „Chez Charles", beginnt die Wanderung in das seit 1918 verlassene Bergdorf Occi (25). Man verlässt Lumio wieder auf der Küstenstraße N197 in Richtung L'Île Rousse und biegt bereits nach ca. 300 m nach rechts auf die D71 nach Cateri ab. In Cateri muß man sich links halten, um auf der D151 in das ca. 3 km entfernte Bergdorf Sant' Antonino (23) zu gelangen. Nach einem Bummel durch die verwinkelten Gässchen geht es weiter ins benachbarte und nur 3,5 km entfernte Bergdorf Aregno (22), mit seiner im 12. Jh. erbauten und aus pisanischer Zeit stammenden Kirche. Aregno verlässt man auf der D151 und gelangt nach weiteren 3 km in das Künstlerdorf Pigna (20,21). Nach einem Spaziergang durch den Ort geht die Fahrt weiter in Richtung L'Île Rousse. Auf der Küstenstraße N197 muss man nach links abbiegen und erreicht nach etwa 1,2 km die Zufahrt zum Bodri Strand (19). Von hier sind es noch ca. 22 km zurück auf der N197 nach Calvi.

Die schönsten Autotouren: Nordwest 3

Kurzbeschreibung: (ca. 107 km, Fahrzeit ca. 125 Min.)
Das Fango-Tal, eine atemberaubende Fahrt durch die bizarre Felslandschaft der Calanche und traumhafte Ausblicke sind die Höhepunkte dieser Tour. Die Strecke von Porto durch die Calanche nach Piana ist für Fahrzeuge über 3,5 t gesperrt.

Startpunkt für diese Tour ist der Küstenort Galéria. Von hier folgt man der D351 am Fango-Fluss (28) entlang ins Landesinnere. Immer wieder gibt es Möglichkeiten, das Auto abzustellen und zu den Badestellen im Fluss hinabzusteigen. Die Straße endet schließlich nach ca. 11 km im kleinen Weiler Mont Estremo und muss auf gleicher Strecke wieder zurück gefahren werden. Am Ende des Fango-Tals biegt man nach links auf die D81 Richtung Porto (32) ab. Nach ca. 11 km kommt man zu einem kleinen Parkplatz, von dem aus man einen tollen Blick auf den Golf von Girolata und das Naturreservat „La Scandola" (29) genießen kann. Nach weiteren ca. 11 km erreicht man bei Osani auf einer Bergkuppe den Col de la Croix. Wer möchte, kann von hier nach Girolata (30) wandern. Auf der D81 geht es weiter am Strand von Bussaglia (31) vorbei bis man nach ca. 22 km Porto (32) erreicht. Ab hier beginnt der beeindruckendste Teil der Strecke durch die Calanche (34) bis nach Piana (36). In Piana sollte man unbedingt zum Aussichtspunkt bei der Funkstation fahren. Im Anschluss bietet sich ein Badestopp am Strand von Arone (38) an, bevor man den Tag bei einem schönen Sonnenuntergang in der Calanche am „Château Fort" (35) ausklingen lässt.

Die schönsten Autotouren: Nordwest 4

Kurzbeschreibung: (ca. 100 km, Fahrzeit ca. 120 Min.)
Die Fahrt entlang der Spelunca-Schlucht, die wilde Felslandschaft der Calanche, beeindruckende Panoramablicke, sowie
zwei Wandermöglichkeiten und der Strand von Arone sind die
Sehenswürdigkeiten dieser Tour. Die Strecke von Porto durch
die Calanche nach Piana ist für Fahrzeuge über 3,5 t gesperrt.

Startpunkt für diese Tour ist Porto (32). Von hier fährt man auf
der D84 in Richtung Evisa. Auf der teilweise schmalen Bergstraße kann man immer wieder atemberaubende Ausblicke in die
Schlucht genießen, bis man von Porto aus nach ca. 22 km das
Bergdorf Evisa erreicht. Etwa 1 km vor Evisa genießt man einen
besonders schönen Blick in die Spelunca-Schlucht. Nach Evisa
biegt man links auf die D84 in Richtung Col de Vergio ab und
fährt weiter an Aitone vorbei, bis man zu einer großen, auf einer
Halbkugel stehenden Statue auf der Passhöhe am Col de Vergio
kommt. Von hier sind es noch ca. 4 km bis zum Wanderparkplatz in einer Haarnadelkurve. Hier bietet sich eine Wanderung
zu den Wasserfällen „Cascades de Radule" (33) an. Auf gleicher
Straße geht es zurück bis nach Porto und von dort durch die
spektakuläre Felslandschaft der Calanche (34,35) bis nach Piana (36). Hier lohnt die kurze Fahrt zum Aussichtspunkt bei der
Funkstation. Alternativ zur oben beschriebenen Wanderung
kann man zwischen Piana und dem Strand von Arone eine
schöne Wanderung zum Capu Rossu (37) unternehmen. Zum
Abschluß dieser Tour bietet sich ein Sonnenbad am Strand von
Arone (38) an oder man lässt sich im Restaurant „Le Casabianca" am Arone-Strand auf der schönen Terrasse verwöhnen.

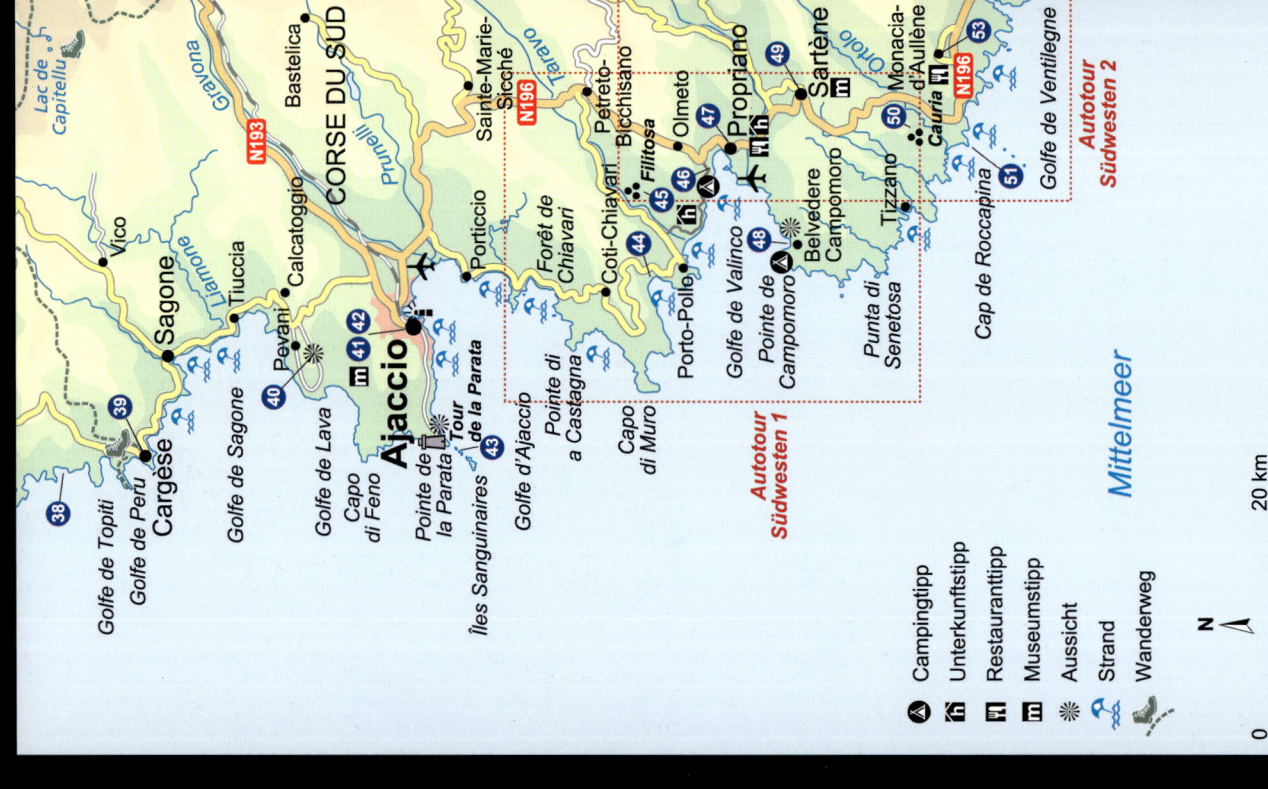

CORSE DU SUD

Lac de Capitellu

Gravona

N193

Bastelica

Prunelli

Sainte-Marie-Siché

N196

Tavaro

Petreto-Bichisano

Olmeto

Filitosa

Coti-Chiavari

Forêt de Chiavari

Pointe di a Castagna

Capo di Muro

Porto-Pollo

Golfe de Valinco

Pointe de Campomoro

Belvedere Campomoro

Tizzano

Punta di Senetosa

Cap de Roccapina

Propriano

Sartène

Monacia-d'Aullène

Cauria

N196

Golfe de Ventilegne

Orolo

47

49

50

51

53

46

48

45

44

43

42

41

40

39

38

Vico

Sagone

Cargèse

Tiuccia

Calcatoggio

Pevani

Porticcio

Ajaccio

Tour

Pointe de la Parata

Îles Sanguinaires de la Parata

Pointe di

Golfe d'Ajaccio

Golfe de Sagone

Golfe de Lava

Capo di Feno

Golfe de Peru

Golfe de Topiti

Llamone

Golfe de Valinco

Autotour Südwesten 1

Autotour Südwesten 2

Mittelmeer

0   20 km

N

- Campingtipp
- Unterkunftstipp
- Restauranttipp
- Museumstipp
- Aussicht
- Strand
- Wanderweg

DER SÜDWESTEN

Südwesten

Strand von Peru bei Cargèse

Kurzbeschreibung:
Wunderschöner weißer Sand und türkisblaues Wasser laden am Golf von Peru bei Cargèse zum Sonnen und Baden ein.

Anfahrt: (GPS: 42°08'11" N und 08°35'46" E)
Von Piana (36) aus erreicht man Cargèse auf der D81 nach ca. 19 km in südlicher Richtung. Kurz nach dem Ortseingang zweigt oben in Cargèse eine kleine Straße nach rechts zum „Plage de Peru" (39) ab. Der ca. 800 m breite Sandstrand am Golf von Peru liegt, aus Richtung Piana kommend, kurz vor Cargèse.

Geschichte:
Im 17. Jh., als die türkischen Besatzer immer weitere Anteile des griechischen Reichs eroberten, veranlasste dies immer mehr Griechen zur Flucht, um nicht den Türken in die Hände zu fallen. Sie baten Genua um Hilfe. So kam es, dass am 14.03. 1676 drei genuesische Galeeren mit 800 griechischen Flüchtlingen bei Cargèse landeten und sich die Flüchtlinge im heutigen Paomia oberhalb von Cargèse auf Korsika niederließen. Die Korsen standen zu dieser Zeit unter genuesischer Herrschaft. Im Jahre 1729 begannen die Korsen im Unabhängigkeitskrieg gegen die Genueser zu kämpfen. Als sich die Griechen weigerten, zusammen mit den Korsen gegen die Genueser zu kämpfen, wurden Paomia von den Korsen geplündert und zerstört. Die Griechen flüchteten ins südlich gelegene Ajaccio (41,42) und lebten dort im Exil. Erst 1769, als die Franzosen die Herrschaft über Korsika übernahmen, änderte sich die Situation erneut und den Griechen wurde als Ausgleich für den Verlust Paomia, das Gebiet von Cargèse, als neue Heimat zugesprochen. Sie gründeten dort den Ort Cargèse. Die griechischen Ursprünge des Ortes sind heute noch zu erkennen. Im Ort gibt es auch eine griechisch-orthodoxe Kirche.

Wandertipp:
Vom nördlichen Strandende kann man oberhalb des Strandes bis zum restaurierten und begehbaren Genueserturm auf der Halbinsel wandern. Für die Strecke benötigt man mit Hin- und Rückweg ca. 2 Std. Gehzeit.

Aussichtstipp:
Von Süden kommend befindet sich am Ortseingang auf der linken Seite das Hotel-Restaurant-Bar „Bel Mare". Von der Terrasse aus kann man einen herrlichen Blick auf die Küste und das Meer genießen.

Hinweise:
- Sandstrand
- Sonnenschirm- und Liegenverleih vorhanden
- Restaurants und Snackbars vorhanden
- Beach Volleyballfeld

Gut zu verbinden mit: 29, 31, 32, 34, 35, 36, 37, 38, 40, 41, 42

Südwesten

Panoramastraße bei Sagone

Kurzbeschreibung:

Unbekannte kleine Panoramastraße, die einen Abstecher von der D81 Küstenstraße wegen der grandiosen Aussicht lohnt.

Anfahrt: (GPS: 42°01'15" N und 08°43'01" E)

Von Sagone kommend fährt man auf der D81 Küstenstraße in südlicher Richtung am „Plage de San Giuseppe" und am Küstenort Tiuccia vorbei. Etwa 10 km nach Tiuccia zweigt an einer Bergkuppe eine schmale Straße von der D81 nach rechts, Richtung Pevani ab. Dieser schmalen Straße folgt man und wird schon bald einen wunderschönen Ausblick auf den Golf von Sagone genießen können. In Pevani kann man wenden, um auf gleicher Strecke zurückzufahren. Alternativ fährt man von Pevani weiter zur Küste und über Ancone zurück auf die D81 fahren. Die Straße ist in schlechtem, aber befahrbarem Zustand.

Geschichte:

Sagone wurde schon durch die Römer besiedelt. In Sagone befand sich bereits im 6. Jh. einer der fünf Bischofssitze auf Korsika. Durch Piratenüberfälle und Überschwemmungen des Sagone Flusses verlor der Ort an Attraktivät. Bereits im Jahre 1572 wurde der Bischofssitz ins Landesinnere nach Vico und später im Jahre 1625 von dort nach Calvi (26) verlegt. Die Malaria-Mücke, die sich im Mündungsgebiet des Sagone Flusses ausbreitete, machte den Menschen in diesem Gebiet ebenfalls große Probleme. Erst als das Mündungsgebiet nach dem Zweiten Weltkrieg trockengelegt wurde und die Malaria-Mücke von den Amerikanern mit Hilfe von DDT bekämpft wurde, konnte sie ausgerottet werden. Der Ort begann sich wieder zu entwickeln und ist heute ein kleiner Touristenort mit Hotels und Restaurants.

Ausflugstipp:

Von Sagone kann man einen Ausflug in das fast verlassene Dorf Muna machen. Hierzu fährt man von Sagone auf der D70 ins Landesinnere, bis man nach ca. 12,5 km Vico erreicht. Hier verlässt man die D70 und folgt der D23 durch Vico durch. Am Ortsausgang muss man sich rechts halten um auf der D23 Richtung Fondale und Murzo zu fahren. Von Vico aus erreicht man Murzo nach ca. 4 km. In Murzo biegt man am Ortsausgang rechts auf die schmale D4 ab und erreicht nach weiteren 8 km das Dorf Muna. Das Dorf liegt oberhalb der Straße und ist in den Hang eingebettet. Der Gang durch das Dorf mit den halbverfallenen Häusern wirkt wie eine Zeitreise, auf der man immer wieder schöne Fotomotive entdecken wird.

Strandtipp:

Den schönen Sandstrand „Plage de San Giuseppe" erreicht man auf der D81 schon kurz nach Sagone. Am ca. 3 km langen Strand wird man meist auch im Sommer ein ruhiges Plätzchen finden.

Gut zu verbinden mit: 39, 41, 42, 43

Südwesten

Küstenort Ajaccio

Kurzbeschreibung:
Ajaccio ist die Hauptstadt und zugleich mit ca. 64.300 Einwohnern die größte Stadt Korsikas.

Anfahrt: (GPS: 41°55'04" N und 08°44'13" E)
Wer von Norden über die D81 nach Ajaccio fährt, kommt im Vorort von Ajaccio an einem imposanten und von den Römern erbauten Viadukt vorbei. In Ajaccio gelangt man am besten auf der N193 parallel zum Hafengelände in die Stadt. Am Ende des „Cours Napoleon" kann man im Parkhaus am „Place du Général de Gaulle" parken, um die Stadt zu Fuß zu besichtigen.

Direkt über dem Parkhaus geht es zum „Place du Général de Gaulle" mit einem Napoleon-Denkmal. Von hier schlendert man hinab zur Uferpromenade und läuft nach links an der nicht zu besichtigenden Zitadelle vorbei, bis man am Hafen den „Place Foch" erreicht. Dies ist der Ausgangspunkt für zahlreiche Touren für Touristen mit Boot oder Bus. Jeden Morgen findet auf dem Platz ein Markt statt, auf dem man viele korsische Produkte kaufen kann. Inmitten von großen Palmen steht hier ein imposantes Napoleon-Denkmal. An dem schönen Platz kann man eine Pause einlegen und dem Treiben zusehen. Ein Besuch im etwas südlich gelegenen Napoleon-Museum (42), welches im Geburtshaus von Napoleon untergebracht ist, lohnt sich. Nach der Besichtigung geht es geradeaus am „Place Foch" vorbei in die Einkaufsstraße „Rue Cardinal Fesch". Man erreicht nach

ca. 350 m das Kunstmuseum „Musée Fesch". Nach weiteren 300 m gelangt man wieder auf die Straße „Cours Napoleon" und läuft nach links um nach ca. 800 m das Parkhaus zu erreichen.

Museumstipp:
Das „Musée Fesch" ist nach Kardinal Fesch, dem Halbbruder von Napoleons Mutter Letizia benannt. Er war ein begeisterter Kunstsammler. Im Museum (Eintritt ca. 8€) werden viele der von ihm zusammengetragenen Werke ausgestellt. Gezeigt werden Gemälde von überwiegend italienischen Malern aus der Zeit vom 14.-19. Jh. Im Nachbargebäude befindet sich die Kapelle „Chapelle Impériale" mit den letzten Ruhestätten von den Eltern Napoleons, seinem Onkel Kardinal Fesch und weiteren Familienmitgliedern. Beim Museum befindet sich auch die 1801 vom Bruder Napoleons gegründete Bibliothek.

Öffnungszeiten:
01.Oktober - 30. April:
Mo, Mi, Sa: 10:00-17:00 Uhr sowie
Do, Fr:　　　12:00-17:00 Uhr Dienstag ist geschlossen

01. Mai - 30. September
Mo, Mi, Sa: 10:30-17:30 Uhr sowie
Do, Fr:　　　12:00-18:00 Uhr Dienstag ist geschlossen

Gut zu verbinden mit: 39, 40, 42, 43, 44, 45, 46, 47

Kurzbeschreibung:
Das sehenswerte Museum über Napoleon Bonaparte ist in dessen Geburtshaus in Ajaccio untergebracht.

Anfahrt: (GPS: 41°55'04" N und 08°44'13" E)
Um zum Museum zu gelangen, läuft man vom Hafen den „Place Foch" nach oben zum von Palmen gesäumten Denkmal. Dort biegt man zuerst nach links auf die „Rue Bonaparte" ab und nach ca. 60 m wieder rechts auf die „Rue Saint Charles". Nach ca. 30 m geht es nach links zum Museum „Maison Bonaparte".

Geschichte:
Napoleon wird am 15.08.1769 in Ajaccio (41) auf Korsika geboren. Da er kein Anhänger eines von Frankreich unabhängigen Korsikas ist, gilt er in der Bevölkerung als umstritten. Als Feldherr hat er sich jedoch Ruhm erworben und übernimmt durch einen Staatsstreich am 09.11.1799 die Macht in Frankreich. Im Jahre 1804 wird er zum franz. Kaiser gekrönt. 1815 muß er in der Schlacht von Waterloo eine herbe Niederlage einstecken und wird am 15.07.1815 als Kriegsgefangener der Briten auf die Insel Sankt Helena verbannt, wo er am 05.05.1821 stirbt.

Im Museum und Geburtshaus von Napoleon Bonaparte erhält der Besucher für den Rundgang am Eingang einen mehrsprachigen Audioguide. Die Museumstour beginnt im zweiten Stock, im Salon der Bonapartes und führt durch verschiedene Wohn- und Schlafzimmer mit den Möbeln der Familie. Gezeigt werden zudem Porträts von Napoleon und seinen Familienangehörigen, Büsten, persönliche Gegenstände, aber auch alte Landkarten von Korsika, handgeschriebene Schriftstücke und Waffen aus damaliger Zeit. Kurze Zeit nachdem man die Galerie mit dem Walnuss-Fischgrätparkett besichtigt hat, geht es vier Stufen hinab in einen später hinzugekauften Teil des Hauses. Auffallend in dem ersten Raum ist eine Luke in der linken hinteren Ecke des Raumes. Eine solche Falltüre war früher in vielen Häusern im ersten Stock eingebaut. Hierbei handelt es sich um ein einfaches, aber sehr zweckmäßiges Sicherungssystem der Hausbewohner. Der einzige Zugang in den ersten Stock erfolgte über eine Leiter durch die Luke. Bei Gefahr wurde die Leiter einfach nach oben gezogen und die Falltüre mit schweren Möbelstücken verbarrikadiert. Für Eindringlinge war es dadurch nicht ohne weiteres möglich, in die oberen Stockwerke der Häuser zu gelangen. Durch diese Falltüre soll Napoleon 1799 aus dem Haus geflohen und mit einer Fregatte nach Frankreich gebracht worden sein. Im Keller befindet sich eine Olivenölpresse.

Öffnungszeiten:
01.04.-30.09.: 09:00-12:00 Uhr und 14:00-18:00 Uhr
01.10.-31.03.: 10:00-12:00 Uhr und 14:00-16:45 Uhr
Letzter Einlass ist eine halbe Stunde vor Schließung

Gut zu verbinden mit: 39, 40, 41, 43, 44, 45, 46, 47

Südwesten

Îles Sanguinaires

Kurzbeschreibung:
Mit dem Ausblick auf die malerische Inselgruppe lassen sich wunderschöne und romantische Sonnenuntergänge erleben.

Anfahrt: (GPS: 41°54'05" N und 08°37'05" E)
Von Ajaccio (41) aus fährt man auf der D111 in westlicher Richtung der Küste entlang und gelangt nach ca. 12 km zum „Pointe de la Parata" mit einem Parkplatz am Ende der Straße. Entlang dieser Küstenstraße gibt es immer wieder schöne Strand- und Badeabschnitte, die durch die Nähe zu Ajaccio aber meist recht gut besucht sind.

Vom Parkplatz am „Pointe de la Parata" aus gibt es eine breite, für den öffentlichen Verkehr gesperrte Straße, die in wenigen hundert Metern zu einem Kiosk und Restaurant führt. Von hier aus kann die erste Halbinsel mit dem 1550 erbauten Genueserturm in ca. 20 Min. umrundet werden. Man läuft am besten im Uhrzeigersinn um die Insel und gelangt nach einigen Minuten auf dem Fußweg zu einem roten Wegweiser mit schwarzem Pfeil, der den Treppenpfad hinauf zum Genueserturm markiert. Der Turm selbst kann nicht besichtigt werden. Oben angekommen, wird man dafür mit einer fantastischen Aussicht auf die vorgelagerten Inseln belohnt. Die größte Insel mit dem gut sichtbaren Leuchtturm heißt „Grande Sanguinaira Mezzu Mare". Der Leuchtturm wurde zwischen 1840 und 1844 unter Leitung von Léonce Reynaud gebaut, um vorbeifahrende Schiffe vor dem felsigen Küstengebiet zu warnen. Der letzte Leuchtturmwärter hat die Insel 1985 verlassen, nachdem das Leuchtfeuer auf Automatikbetrieb umgestellt wurde.

Geschichte:
Von 1806 bis 1808 wurde eine Quarantänestation auf Grande Sanguinaira Mezzu Mare für die Korallentaucher gebaut. Die Isolationsstation wurde im Jahre 1847 wieder geschlossen. Die wenigen Mauerreste können besichtigt werden. Im Jahre 1863 lebte der französische Schriftsteller Alphonse Daudet im Leuchtturm auf der Insel, um die Abgeschiedenheit und Ruhe zu genießen.

Ausflugstipp:
Vom Hafen „Tino Rossi" in Ajaccio werden Bootstouren auf die Insel Grande Sanguinaira Mezzu Mare angeboten.

Aussichtstipp:
Wenn man unmittelbar nach dem Parkplatz am „Pointe de la Parata" rechts abbiegt, kann man auf einem breiten Weg, der in schlechtem Zustand ist, auf den ersten Berg laufen. Bereits in der ersten Kehre hat man diesen grandiosen Ausblick auf das Archipel mit dem fotogenen Genueserturm. Ein idealer Platz, um den Sonnenuntergang zu erleben.

Gut zu verbinden mit: 39, 40, 41, 42, 44, 45, 46, 47

Südwesten

Strand Cupabia bei Porto Pollo

Kurzbeschreibung:
Sehr schöner Sandstrand, der meist auch im Sommer nicht zu überlaufen ist.

Anfahrt: (GPS: 41°44'18" N und 08°47'04" E)
Von Propriano (47) aus fährt man auf der N196 nördlich, Richtung Ajaccio (41,42). Etwa nach 5 km muss man links auf die D157 Richtung Porto Pollo abbiegen und folgt der Küstenstraße für ca. 12 km, bis die D155 nach rechts Richtung Serra di Ferro abzweigt. Auf dieser Straße fährt man für weitere 6 km durch Serra di Ferro hindurch, bis die kleine D155A nach links zum „Plage de Cupabia" führt. Bis zum kleinen Strandparkplatz sind es von hier noch etwa 3 km auf asphaltierter Straße.

Die breite Bucht mit dem feinen Sandstrand wird von Felsen eingerahmt. Daher lässt sich an dem Strand prima baden und in den felsigen Randgebieten gut schnorcheln. Der Strand ist an vielen Stellen dünenartig und meist auch im Sommer nicht zu überlaufen. An einer Bar am Strand kann man einkehren.

Restauranttipp:
Auf der Fahrt zum Strand kommt man in Serra di Ferro direkt am Dorfplatz mit dem Restaurant „U San Petru" vorbei. Hier sitzt man sehr schön und kann unter einem großen Olivenbaum auf der erhöhten Terrasse speisen. Freitags gibt es Livemusik.
Tel.: 0619 947 995

Unterkunftstipp:
Zwischen Propriano und Porto Pollo am Golf von Valinco liegt die wunderschöne Ferienanlage „Arco Plage" mit tollem Pool. In der Unterkunft der gehobenen Kategorie kann man prima entspannen und die Ruhe genießen.

Adresse:
Résidence Arco Plage
Route de Porto Pollo
F - 20113 Olmeto

Kontakt:
Tel. 0495 740 647
info@arcoplage.com
www.arcoplage.com

Campingtipp:
Der Campingplatz „L' Esplanade" liegt unterhalb der D157 etwa 5 km westlich von Propriano. Der terrassenartig angelegte Platz liegt am Hang und reicht bis zum Strand. Für Wohnmobile oder größere Caravans ist dieser Platz daher eher weniger geeignet. Die schöne Lage, sowie ein gutes Preis-Leistungsverhältnis zeichnen den Platz aus. Es gibt ein Restaurant, Schwimmbad une einen Laden. Bungalows werden vermietet.
Der Platz ist vom 01.04.-15.10. geöffnet.

Adresse:
Camping L' Esplanade
Route de Porto Pollo
F - 20113 Olmeto

Kontakt:
Tel. 0495 760 503
campingesplanade@gmail.com
www.campingesplanade.fr

Gut zu verbinden mit: 41, 42, 43, 45, 46, 47, 48, 49, 52

Südwesten

Ausgrabungen von Filitosa

Kurzbeschreibung:
In Filitosa können Ausgrabungen ab ca. 6.000 v. Chr. von ersten menschlichen Ansiedlungen auf Korsika besichtigt werden.

Anfahrt: (GPS: 41°44'49" N und 08°52'19" E)
Von Propriano (47) aus fährt man zunächst auf der N196 in Richtung Ajaccio (41,42). Nach ca. 5 km muss man links auf die D157 nach Porto Pollo abzweigen und folgt der Straße, bis man nach weiteren ca. 9,5 km eine Abzweigung nach Porto Pollo erreicht. Hier fährt man weiter geradeaus auf der D57 und kommt nach ca. 5 km zum Ausgrabungsgelände von Filitosa.

Auf dem Ausgrabungsgelände gibt es ein kleines Museum, in dem verschiedene Fundstücke wie Tonscherben und Mühlsteine ausgestellt sind. Im Anschluss beginnt der Rundgang auf dem Außengelände, durch den man zu den verschiedenen Menhiren und Ausgrabungen geführt wird.

Geschichte:
Archäologen vermuten, dass sich in Filitosa bereits in der Jungsteinzeit ab ca. 6.000 v. Chr. Menschen ansiedelten. Zu dieser Zeit begannen die Menschen, sich vom Jäger und Sammler weiterzuentwickeln und wurden sesshaft. Sie lebten unter Felsvorsprüngen, die ihnen Schutz boten. Eine der wichtigsten Aufgaben war die Beschaffung von Nahrungsmitteln. Im Laufe der Zeit lernten die Menschen, Tiere zu halten und Getreide anzubauen. Zum Aufbewahren der Lebensmittel wurden Gefäße getöpfert. Die Menschen hatten Werkzeuge und Waffen aus Holz oder Stein. Besonders interessant sind die in Filitosa gefundenen Pfeilspitzen aus Obsidian, einem schwarzen Stein, der auf Korsika gar nicht vorkommt. Daher wird vermutet, dass schon damals Handel mit dem nahegelegenen Sardinien betrieben wurde. Die ersten einfachen Menhire (Steinstatuen) wurden ab ca. 3.300 v. Chr. in Filitosa aufgestellt. Später, in der Bronzezeit ab ca. 1.800 v. Chr., wurden die Menhire behauen und bekamen Gesichter eingemeißelt. Ab ca. 1.300 v. Chr. landeten die Torreaner mit ihren Schiffen im Südosten der Insel und vertrieben die heimischen Megalithiker nach Norden. Durch die auf Korsika bis dahin unbekannten Bronzewaffen der Torreaner, zu denen auch Dolche und Schwerter zählten, hatten die Einwohner Korsikas mit ihren Steinwaffen nicht den Hauch einer Chance. Vermutlich stammen die Menhire, die auch Schwerter oder Dolche eingemeißelt hatten, aus dieser Zeit, da die Megalithiker in Korsika diese Waffen bis dahin gar nicht kannten. Die Torreaner zerstörten viele Menhir-Statuen und nutzten die Steine als Baumaterial für ihre Steinburgen.

Öffnungszeiten:
Von Ostern bis Ende Oktober
Täglich von 8:00 - Sonnenuntergang; Eintritt: ca. 6 €

Gut zu verbinden mit: 44, 46, 47, 48, 49, 52

Südwesten

Strand von Campitello

Kurzbeschreibung:
Versteckt gelegener Traumstrand mit einem zur Unterkunft umgebauten Genueserturm, der auch gemietet werden kann.

Anfahrt: (GPS: 41°41'44" N und 08°53'28" E)
Um zum Strand zu gelangen, fährt man von Propriano (47) aus auf der N196 Richtung Ajaccio (41,42). Nach ca. 5 km muss man links auf die D157 nach Porto Pollo abbiegen. Etwa nach 1 km auf der D157 zweigt eine Straße nach links zum Meer ab. Dieser folgt man und fährt nach ca. 500 m an einen wunderschönen restaurierten Genueserturm vorbei und erreicht den schönen Sandstrand nach ca. 150 m bei einem Sportplatz. Der Sandstrand ist ca. 600 m lang. Etwa 300 m und 500 m östlich von diesem Traumstrand befinden sich zwei weitere kleine Badebuchten.

Geschichte:
Statt Kirchen und Kapellen, wie während der pisanischen Epoche, werden vom 15. Jh. bis ins 18. Jh. unter den Genuesern vor allem Zitadellen und ca. 150 Wachtürme an der Küste der Insel zu Verteidigungs- und Frühwarnzwecken errichtet. Sobald sich ein feindliches Schiff der Insel nähert, schlagen die Wachen Alarm. Die Wächter auf den Türmen zünden Feuer auf dem Turm an und warnen so die Nachbarturmwächter vor den Piraten - tagsüber durch Rauchzeichen und nachts durch das Feuer selbst. Diese warnen ihre Nachbarturmwachen auf gleiche Weise. Durch dieses ausgeklügelte Früh-

warnsystem kann die Gefahr so innerhalb weniger Stunden um die ganze Insel kommuniziert werden. Jeder Turmwächter warnt wiederrum die Bevölkerung in seinem Bereich durch das Blasen in ein Horn. Die Wachtürme sind Tag und Nacht besetzt. Bei Gefahr durch Piraten bringt sich die Bevölkerung meist im Hinterland in Sicherheit (23).

Durch die vielen Überfälle und Eroberungskriege gebeutelt, haben die Menschen damals auch einige Häuser ohne Treppe in den ersten Stock gebaut. In diesen Häusern kann man nur über eine Leiter und durch eine Luke in den ersten Stock gelangen. Bei Gefahr wird die Leiter einfach nach oben gezogen, die Luke verschlossen und mit schweren Gegenständen gegen Eindringlinge gesichert. Eine solche Luke kann in Ajaccio im Geburtshaus von Napoleon mit Museum (42) besichtigt werden.

Unterkunftstipp:
Wer eine besondere Unterkunft sucht, der kann den sehr schönen und zur Unterkunft umgebauten Genueserturm „La tour de Calanca" aus dem 15. Jh. bei einem englischen Reiseveranstalter wochenweise mieten. Der fotogene Turm liegt in einem schön angelegten Garten, ca. 150 m vor dem Campitello Strand. Weitere Informationen unter: http://www.corsica.co.uk/ Accommodation/19000237/51820/La-Tour-de-Calanca.aspx

Gut zu verbinden mit: 44, 45, 47, 48, 49, 52

Südwesten

Kurzbeschreibung:
Beliebter Küstenort mit Yachthafen, Bars, Restaurants und einer kleinen Einkaufsstraße in der Nähe des Hafens.

Anfahrt: (GPS: 41°40'33" N und 08°54'11" E)
Von Ajaccio (41,42) aus erreicht man Propriano auf der N196 nach etwa 69 km in südlicher Richtung. Wer an der Küste entlang fahren möchte, muß für die nur unwesentlich längere, aber kurvigere Strecke ca. 30 min. mehr Zeit einplanen. Von Sartène (49) aus fährt man auf der N196 in nördlicher Richtung und erreicht Propriano nach etwa 14 km. In Propriano folgt man am besten der Beschilderung in Richtung Zentrum und Hafen, um das Auto am kostenpflichtigen Hafenparkplatz abzustellen.

Im Küstenort Propriano leben ca. 3.300 Einwohner. Im Ort spielt sich das Leben hauptsächlich am schönen Yachthafen und in den angrenzenden Straßen ab. Hier kann man gemütlich entlang flanieren und sich bei herrlicher Aussicht auf den Hafen in einem der vielen Restaurants oder Bars verwöhnen lassen.

Einkaufstipp:
In der parallel zum Hafen verlaufenden Einkaufsstraße mit den zahlreichen Bars, Cafés und Restaurants befindet sich das Feinkostgeschäft „Tempi Fa". Hier werden in urigem Ambiente korsischen Spezialitäten angeboten. Etwas weiter hinten im Laden gibt es noch ein dazugehöriges Restaurant.

Strandtipp:
Am Ortsende von Propriano befindet sich eine fast kreisrunde Sandbucht mit einem Leuchtturm. Weiter nördlich gibt es weitere schöne Strände, die auch in den Sommermonaten nicht zu überlaufen sind.

Aussichtstipp:
Vom benachbarten Bergdorf Olmeto hat man einen traumhaften Blick auf Propriano und den Golf von Valinco. Am Ortsausgang von Olmeto in Richtung Propriano befindet sich das Restaurant „La Source" mit einem schönen Aussichtsbalkon.

Unterkunftstipp:
Etwas oberhalb im Südwesten von Propriano gelegen liegt die „Résidence Terra Théa" mit Pool und einem herrlichen Blick auf Propriano und die Bucht von Valinco. Man fährt zunächst auf der „Rue Casanova d' Aracciani" im Ort in südöstliche Richtung und biegt dann nach rechts in die „A Funtana U Frusteru" Straße ein. Dieser folgt man bis zur Résidence.

Adresse:
Résidence Terra Théa
A Funtana 3 d'U Frusteru
BP 11
F - 20110 Propriano

Kontakt:
Tel.: 0495 251 159
residence@terra-thea.com
www.terra-thea.com

Gut zu verbinden mit: 44, 45, 46, 48, 49, 50, 52

Südwesten

Bucht von Campomoro

Kurzbeschreibung:
Wunderschöne Bucht mit einem Sandstrand, sowie einem gut restaurierten Genueserturm mit kleinem Museum.

Anfahrt: (GPS: 41°37'50" N und 08°48'42" E)
Schon die Fahrt von Propriano (47) nach Campomoro ist durch viele grandiose Ausblicke auf den Golf von Valinco ein Erlebnis für sich. Von Propriano fährt man auf der N196 in Richtung Sartène (49) und Bonifacio (55-57). Bereits nach weniger als 2 km verlässt man die N196 wieder und biegt nach rechts auf die D121 in Richtung Campomoro ab. Nach weiteren ca. 2 km kommt man am kleinen Provinzflughafen „Air Tavaria" von Propriano vorbei. Zwischen Flughafen und dem kleinen Küstenort Portigliolo liegt der schöne, feinsandige „Plage de Portigliolo" mit einem Wassersport-Club. Von hier geht es auf der D121 weiter durch Belvédère bis zur Traumbucht von Campomoro.

Glasklares Wasser und ein langer Sandstrand zeichnen die Bucht von Campomoro aus. Dort befindet sich eine schwimmende Fischfarm.

Aussichtstipp:
Einen besonders schönen Blick auf den Golf von Valinco kann man von der D121 kurz nach Portigliolo genießen. Etwa 1 km vor Campomoro hat man einen wunderbaren Panoramablick auf die Bucht von Campomoro.

Geschichte:
Im restaurierten Genueserturm am äußersten Ende der Bucht von Campomoro befindet sich eine Ausstellung, in der das ehemalige Verteidigungssystem von Korsika über die Türme anschaulich beschrieben wird. Für den Spaziergang zum Turm müssen mit Hin- und Rückweg ca. 30 Min. eingeplant werden.

Ausflugstipp:
Ein besonderes Erlebnis ist eine Entdeckungstour mit einem 6 PS Schlauchboot entlang der Küste. Im Wassersport-Club von Portigliolo können solche Schlauchboote, die noch ohne Bootsführerschein gefahren werden dürfen, gemietet werden. Von Portigliolo aus fährt man zunächst in die Bucht von Campomoro und von dort weiter an der Küste entlang Richtung Süden. Hier gibt es viele schöne, einsame Buchten wie die „Cala di Conca" zu entdecken, die nur per Boot zu erreichen sind.

Campingtipp:
Recht einfacher kleiner Campingplatz mit 50 Stellplätzen und Restaurant in der herrlichen Bucht von Campomoro. Halbschattiges und terrassenförmig angelegtes Gelände. Geöffnet 01.04.-15.10.

Adresse:
Camping Peretto les Roseaux
F - 20110 Belvedere Campomoro

Kontakt:
Tel. : 0495 742 052
Fax.: 0495 742 052

Gut zu verbinden mit: 44, 45, 46, 47, 49, 50, 52

Südwesten

olea
HUILE D'OLIVE

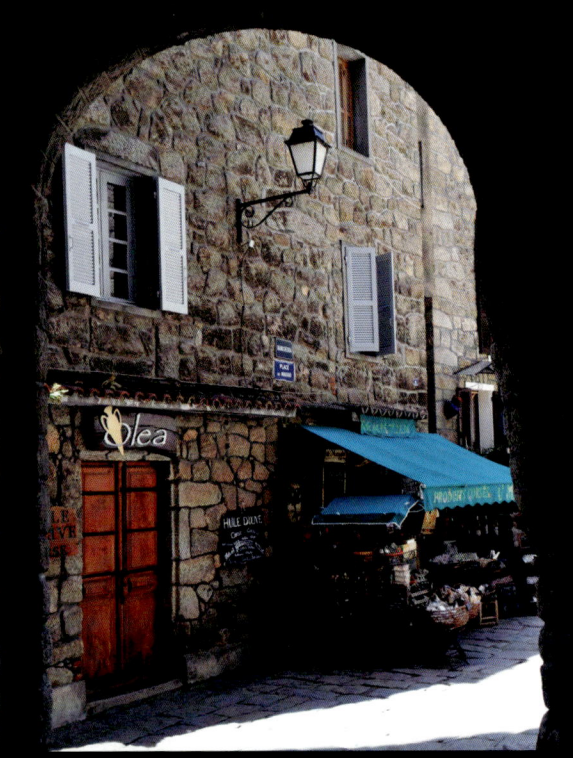

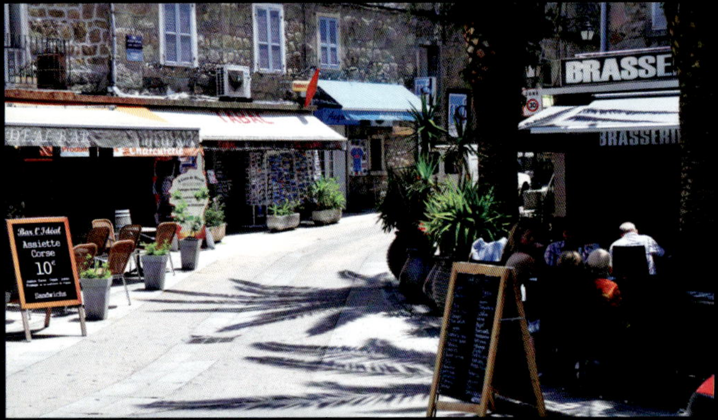
BRASSE
Bar L'Idéal
Assiette
Corse
10€

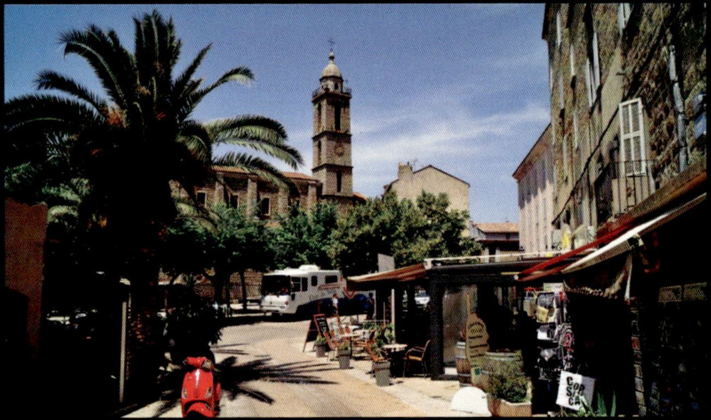

Kurzbeschreibung:
Das Labyrinth aus verwinkelten Treppen und engen Gassen mit kleinen Geschäften bietet viele schöne Fotomotive.

Anfahrt: (GPS: 41°37'19" N und 08°58'17" E)
Von Propriano (47) aus fährt man auf der N196 in südlicher Richtung und erreicht Sartène nach etwa 14 km. Von Bonifacio (55-57) sind es auf der N196 ca. 53 km bis nach Sartène.

Das am Hang des Monte Rosso gelegene Sartène mit seinen ca. 3.250 Einwohnern lässt sich am besten von der Oberstadt aus erkunden. Direkt am schönen „Place de la Liberation", der meist einfach „Place Porta" genannt wird, führt ein Gewölbedurchgang durch das Rathaus von Sartène in die Altstadt. Hohe Hausfassaden, enge Gassen und verwinkelte Treppen verleihen diesem Teil der Stadt ein mittelalterliches Flair und sollten beim Besuch der Stadt nicht fehlen. Am „Place Porta" befindet sich die Kirche „Eglise Santa-Marie". Um den schönen Platz haben sich verschiedene Cafés, Bars und Restaurants angesiedelt. Hier lässt sich prima verweilen und dem Treiben auf dem Platz zusehen.

Einkaufstipp:
Direkt beim Gewölbedurchgang am „Place Porta" werden im Feinkostgeschäft „La Cave Sartenaise" mit schönem Ambiente unterschiedliche korsische Spezialitäten angeboten.

Geschichte:
Im 16. Jh., als Korsika unter genuesischer Herrschaft stand, gab es immer wieder Überfälle durch Piraten. Im Jahre 1583 drangen die algerischen Seeräuber bis nach Sartène vor, plünderten die Stadt und verschleppten ein Drittel der Einwohner, um sie als Sklaven in Nordafrika zu verkaufen. Als Folge der zahlreichen Piratenüberfälle wurde die Stadtmauer um Sartène weiter ausgebaut. Zusätzlich begann man damals auf Korsika mit dem Bau von ca. 150 Genuesertürmen an der Küste, um die Bevölkerung rechtzeitig von herannahenden Piraten zu warnen. Die Bevölkerung zog sich bei Gefahr meist ins Hinterland zurück oder verbarrikadierte sich in einer der Zitadellen in den größeren Städten auf Korsika.

Alljährlich findet in Sartène, in der Nacht zum Karfreitag, eine weit über Sartène bekannte und sehenswerte Prozession statt.

Museumstipp:
Etwa 200 m östlich vom „Place Porta" in der Oberstadt befindet sich das prähistorische Museum. Den „Place Porta" verlässt man auf dem Cours Bonaparte und biegt dann rechts in die „Rue Antoine Crocce" ein. Nach 50 m muss man sich rechts halten, um zum Museum zu gelangen. Gezeigt werden verschiedene Fundstücke aus Korsika ab ca. 6.000 v. Chr.

Gut zu verbinden mit: 44, 45, 46, 47, 48, 50, 51, 52, 53

Südwesten

Kurzbeschreibung:
Abwechslungsreiche kleine Wanderung zu 3 verschiedenen Ausgrabungsorten auf der Hochebene von Cauria.

Anfahrt: (GPS: 41°32'07" N und 08°54'57" E)
Von Sartène (49) aus fährt man ca. 1,5 km auf der N196 in Richtung Süden und biegt dann nach rechts auf die D48, Richtung Tizzano ab. Dieser folgt man für ca. 7,5 km, bis man eine Abzweigung nach links auf die D48A erreicht. Hier sind die 3 Ausgrabungsstätten auf der Cauria-Hochebene bereits ausgeschildert. Den kleinen Parkplatz erreicht man nach ca. 4,5 km.

Um zu den Ausgrabungen zu gelangen, muss man zunächst den ausgewaschenen, unebenen Weg rechts vom braunen Schild mit der Aufschrift „Sites Prehistoriques" wählen. Nach ca. 15 Min. erreicht man die Stelle „Alignement de Stantari" mit den ersten 11 Menhiren. Auffallend ist, dass diese Steinstatuen mit teilweise eingemeißelten Waffen und Gesichtern alle nach Osten, der aufgehenden Sonne zugewandt sind. Vielleicht glaubte man schon damals an die Wiedergeburt der Toten? Archäologen vermuten, dass man damals glaubte, die Seele der Toten würde in den unvergänglichen Steinkörpern weiter leben. Da die Menhir-Statuen teilweise Schwerter eingemeißelt hatten, wird vermutet, dass diese Menhire erst nach 1.300 v. Chr. entstanden sind. Schwerter waren den heimischen Megalithiker erst durch die ab ca. 1.300 v. Chr. gelandeten Torreaner bekannt.

Einige hundert Meter weiter erreicht man die nächste frühgeschichtliche Ausgrabungsstelle „Alignement de Renaju". Hierbei handelt es sich um ca. 50, teilweise auch nur halbhohe, Menhire, die kreuz und quer in einem kleinen Wäldchen stehen oder auch bereits umgefallen sind. Vermutlich ist dies eine Art Friedhof aus damaliger Zeit. Sind die unterschiedlichen Höhen der Menhire ein Anzeichen auf die Größe oder das Alter der Toten? Man weiß es nicht und wird es vielleicht auch nie erfahren.

Von dieser Station geht der Pfad weiter unter einer wunderschönen alten Korkeiche hindurch zu einem Felsenmeer in einem weiteren kleinen Wäldchen, bis man schließlich die letzte Station „Dolmen von Fontanaccia" erreicht. Hier wurde eine oberirdische Grabstätte aus gewaltigen Felsplatten errichtet. Alleine der steinerne Deckel wiegt etwa ca. 3 t. Dies ist der schönste Dolmen auf Korsika. Anhand dieser drei frühgeschichtlichen Fundstätten wird vermutet, dass der Totenkult schon bei den Megalithikern eine große Rolle spielte.

Hinweise:
- Das Ausgrabungsgelände ist frei zugänglich
- Eintritt: frei
- Dauer des Rundgangs: Ca. 60 Min.

Gut zu verbinden mit: 47, 48, 49, 51, 52, 53

Südwesten

Kurzbeschreibung:
Glasklares Wasser und ein schöner Strand entschädigen für die Anfahrt auf einem miserablen, unbefestigten Fahrweg.

Anfahrt: (GPS: 41°29'46" N und 08°56'12" E)
Von Sartène (49) aus fährt man auf der N196 Richtung Bonifacio (55-57) und erreicht nach etwa 19 km die Auberge „Coralli" auf der rechten Seite. Hier biegt man bei der Auberge rechts ab und folgt dem teilweise sehr unebenen Fahrweg für weitere ca. 2,2 km, bis sich der Weg gabelt. Fahrer von höhergelegten Allradfahrzeugen werden die Vorteile ihres Autos bei der Anfahrt zu schätzen wissen. Später kann man der Strecke rechts oder links folgen, da beide Wege nach ca. 500 m am Strand enden. Wer sein Auto liebt, kann auch nur einen Teil der extrem schlechten Strecke von der Auberge „Coralli" zum Strand fahren und das Auto an geeigneter Stelle am Fahrbahnrand abstellen. Wer von Bonifacio aus kommt, erreicht die Abzweigung auf der N196 bei der Auberge „Coralli" nach etwa 32 km.

Aussichtstipp:
Wenn man von Sartène auf der N196 in Richtung Bonifacio fährt, kommt man ca. 2 km nach der Auberge „Coralli" zum Restaurant „Oasis du Lion" an der Passhöhe auf der linken Seite. Von hier hat man einen herrlichen Blick auf den Strand von Roccapina. Mit etwas Fantasie kann man von hier neben dem Genuserturm einen steinernen Löwen erkennen.

Westlich vom Roccapina Strand befindet sich der Strand von Erbaju in einer großen Nachbarbucht. Dieser ist vom Roccapina Strand aus über einen Pfad zu erreichen. Am westlichen Strandende muss man dem Fahrweg etwa 50 m folgen, bis der Pfad vom Strand aus gesehen links abzweigt. Nach einem ca. 1 km langen Fußmarsch über den Berg, auf dem der Genueserturm steht, erreicht man diesen, meist wenig besuchten, schönen Strand.

Hinweise:
• Sandstrand mit Seegrasanschwemmungen
• Unebener und schlechter Fahrweg zum Strand
• Parkplatz am Strand vorhanden
• Kein Sonnenschirm- und Liegenverleih
• Keine öffentlichen Einrichtungen am Strand

Restaurant- und Unterkunftstipp:
In der Auberge „A Tinedda" speist man meist auf der Terrasse in dem liebevoll angelegten Garten. Die Auberge ist von April bis September geöffnet und liegt auf halber Strecke zwischen Propriano und Sartène.

Adresse:
Ferme Auberge A Tinedda
Rizzanese
F - 20100 Sartène

Kontakt:
Tel. : 0495 770 931
a.tinedda@free.fr
www.atinedda.fr

Gut zu verbinden mit: 47, 48, 49, 50, 52, 53

Südwesten

Die schönsten Autotouren: Südwest 1

Kurzbeschreibung: (ca. 116 km, Fahrzeit ca. 160 Min.)
Schöne Ausblicke, ein Genueserturm, die Stadt Sartène, sowie die Ausgrabungen von Filitosa bietet diese Tour, bevor man sich am Strand von Cupabia erholen kann.

Ausgangspunkt für diese Tour ist der Küstenort Propriano (47). Man verlässt den Ort auf der N196 in Richtung Sartène. Bereits nach weniger als 2 km verlässt man die N196 wieder und biegt auf die D121 in Richtung Campomoro (48) ab. Diese schöne Traumbucht erreicht man nach etwa 16 km auf der D121 mit wunderschönen Ausblicken. Nach einem Besuch des interessanten Genueserturms mit dem kleinen Museum geht es auf gleicher Strecke zurück, bis man wieder auf die N196 trifft. Hier biegt man nach rechts ab und ist nach ca. 10 km in Sartène (49). Nach einer Ortsbesichtigung fährt man auf der N196 für etwa 26 km zurück über Propriano und Olmeto, bis die D302 nach links in Richtung Filitosa abzweigt. Dieser folgt man für ca. 3,5 km und biegt dann scharf nach links auf die D57 Richtung Filitosa ab. Nach einer Besichtigung der Ausgrabungsstätte Filitosa (45) geht es auf der D57 und D757 weiter in Richtung Porto Pollo. Nach ca. 7 km muss man nach rechts auf die D155 in Richtung Serra di Ferro abbiegen, statt geradeaus Richtung Porto Pollo zu fahren. Nach weiteren ca. 6,5 km erreicht man den schönen Sandstrand von Cupabia (44) auf der D155 und D155A. Nach einem Sonnenbad geht es auf der D157 an der Küste entlang zurück bis in das ca. 24 km entfernte Propriano.

Die schönsten Autotouren: Südwest 2

Kurzbeschreibung: (ca. 121 km, Fahrzeit ca. 145 Min.)
Der Ort Sartène, ein malerisch gelegenes Bergdorf, die berühmte „Dame von Bonifacio" im Museum, Alex und seine Auberge sowie ein schöner Strand machen die Tour extrem abwechslungsreich.

Diese Tour beginnt in Sartène (49) mit einer Besichtigung der Stadt. Danach fährt man auf der N196 für ca. 6 km in nördliche Richtung und biegt dann nach rechts auf die D268, Richtung Levie ab. Dieser folgt man für ca. 14 km, bis ins idyllisch gelegene Bergdorf Sainte-Lucia-de-Tallano (52). Nach einer kurzen Rast geht die Fahrt auf der D268 weiter in das ca. 8,5 km entfernte Levie. Hier gibt es im Museum das Skelett der berühmten „Dame von Bonifacio" zu sehen, das ca. 7.500 v. Chr. auf Korsika gelebt haben soll. Levie verlässt man auf der D59 in südlicher Richtung. Nach knapp 32 km kommt man bei Sotta auf die D859. Hier biegt man nach rechts ab und fährt an Figari vorbei, bis man wieder auf die N196 trifft. Dort fährt man für ca. 7 km in Richtung Sartène, bis eine Abzweigung nach rechts in das Dorf Monacia d' Aullène führt. Wer schon immer einmal eine Auberge mit einem echten korsischen Original kennen lernen möchte, folgt den selbstgemalten Hinweisschildern „Auberge Chez Alex". Nach einem Besuch bei „Alex" (53) geht es auf der N196 für ca. 8,5 km weiter Richtung Sartène, bis man bei der Auberge „Coralli" die Zufahrt zum Strand von Roccapina (51) erreicht. Von hier sind es noch ca. 20 km bis nach Sartène.

DER SÜDOSTEN

Südosten

Kurzbeschreibung:
Malerisch in den Bergen gelegenes Dorf mit einem netten Café am idyllischen Dorfplatz.

Anfahrt: (GPS: 41°41'49" N und 09°03'48" E)
Von Propriano (47) aus fährt man zunächst auf der N196 in Richtung Sartène (49) und Bonifacio (55-57). Nach ca. 6 km muss man nach links auf die D268 abbiegen. Dieser Straße, die teilweise auch D69 heißt, folgt man bis in das ca. 13,5 km entfernte Bergdorf Sainte-Lucie-de-Tallano.

Am schönen Dorfplatz bei der Kirche gibt es ein nettes Café. Hier kann man unter schattenspendenden Bäumen sitzen und es sich gut gehen lassen. Etwas oberhalb vom Dorf liegt das im Jahre 1492 von Graf Rinuccio della Rocca gegründete Franziskanerkloster „Saint-François". Bekannt ist der Ort auch wegen seines Steinbruchs, in dem der weltweit nur selten vorkommende Kugeldiorit abgebaut wird. Die geschliffenen und polierten Gesteinsbrocken sehen sehr edel und einzigartig aus.

Ausflugstipp:
Wenn man Richtung Levie fährt, zweigt nach ca. 5 km eine Straße nach links zu den ausgegrabenen torreanischen Siedlungen „Cucuruzzu" und „Capula" ab. Ein Rundweg führt durch das Gelände. Die Torreaner zerstörten viele Menhir-Statuen und nutzten die Steine als Baumaterial für ihre Steinburgen.

Geschichte:
Im Süden Korsikas, in der Nähe von Bonifacio, hat man das Skelett einer ca. 35 Jahre alten Frau gefunden. Wissenschaftler vermuten, dass die Frau ca. 7.500 v. Chr. auf Korsika gelebt hat. Dies sind die ersten Zeichen einer Besiedelung der Insel. Das Skelett der berühmten „Dame von Bonifacio" kann im Museum in Levie besichtigt werden. Die Menschen lebten zu dieser Zeit als Jäger und Sammler. Sie jagten mit Pfeil und Bogen oder Speeren mit Steinspitzen. Zu dieser Zeit waren die Menschen noch nicht sesshaft. Sie lebten in Höhlen oder unter Felsvorsprüngen.

Museumstipp:
Das Skelett der berühmten „Dame von Bonifacio" kann in Levie im Museum „Departementale de l' Alte Rocca" besichtigt werden. Im Museum wird anhand von Fundstücken das Leben auf Korsika in den verschiedenen Epochen v. Chr. gezeigt. Von Sainte-Lucie-de-Tallano aus erreicht man Levie nach ca. 8,5 km in östlicher Richtung auf der D268.

Öffnungszeiten:
01.06.-30.09.: 10:00-18:00 Uhr
01.10.-31.05.: 10:00-17:00 Uhr
Montag, Sonntag und an Feiertagen geschlossen

Gut zu verbinden mit: 44, 45, 46, 47, 48, 49, 50, 51, 53

Südosten

Auberge „Chez Alex"

Kurzbeschreibung:

Wer einmal eine Auberge und ein korsisches Original kennen lernen möchte, ist bei „Chez Alex" genau richtig.

Anfahrt: (GPS: 41°30'48" N und 09°00'53" E)

Von Sartène (49) aus folgt man der N196 in Richtung Bonifacio (55-57) und erreicht nach ca. 27 km die Abzweigung in den Ort Monacia d' Aullène. Von Bonifacio fährt man ca. 21 km auf der N196 in Richtung Sartène und Ajaccio (41,42), bis eine Straße nach rechts ins Dorf Monacia d' Aullène abzweigt. Von beiden Richtungen weisen schon mehrere Kilometer vor der jeweiligen Abzweigung gelbe, handgemalte Schilder mit der Aufschrift „Auberge Chez Alex" auf die Auberge hin. Die zuvor so zahlreich an der N196 aufgestellten Schilder findet man im Ort nur noch selten. Daher wird man die Auberge auf Anhieb kaum entdecken. Im Ort muss man sich Richtung Nordosten orientieren, um zur Auberge am Ende einer Sackgasse zu gelangen.

Mit etwas Glück wird man Alex persönlich in seiner Auberge antreffen. Mit seinem weißen Vollbart, einem dunklen Hut und mit seinem einzigartigen Naturell ist er ein echtes Original auf Korsika. Abends wird für die Gäste ein korsisches Menü zubereitet. Gegessen wird, was auf den Tisch kommt. Hier gibt es weder eine Karte noch die Möglichkeit, spezielle Gerichte zu bestellen. Je nach Anzahl der Gäste, sitzen alle gemeinsam an einer großen Tafel. Alex spricht kaum Englisch und kein Deutsch. Daher ist es von großem Vorteil, wenn man selbst ein wenig französisch spricht und versteht. Notfalls klappt die Konversation meist auch mit „Händen und Füßen", wenn ganz unterschiedliche Nationalitäten am Tisch sitzen. Wenn Alex gut drauf ist, holt er seine Gitarre und unterhält die Gäste mit korsischen Liedern. Sein korsischer Stolz ist dabei nicht zu übersehen. Wenn man abends in der Auberge essen möchte, geht man am besten schon tagsüber dort vorbei. Das hat den Vorteil, dass man sich einen ersten Eindruck verschaffen und zudem erfragen kann, was es abends zu essen gibt, und zu welcher Uhrzeit man in der Auberge sein sollte. Den lockeren und familiären Rahmen muss man mögen. Wer bereit ist, sich darauf einzulassen, hat die Möglichkeit, einen ganz besonderen Abend bei und mit Alex im Süden Korsikas zu erleben. Pro Person müssen für Essen und Getränke ca. 30 € eingeplant werden. Das im Gastraum der Auberge untergebrachte kleine Museum zeigt allerlei alte über die Jahre zusammengetragene Gegenstände, mit denen die Decken und Wände dekoriert sind. Von der Decke hängen selbstgemachte Würste, die oft abends aufgeschnitten und schön angerichtet als „charcuterie corse" serviert werden. Für kalte Winterabende gibt es einen großen, offenen Kamin im innenliegenden Gastraum. Im Sommer wird auf der halboffenen Terrasse geredet, gefeiert, getrunken und gespeist.

Gut zu verbinden mit: 49, 50, 51, 54, 55, 56, 57, 58

Südosten

Kurzbeschreibung:
Schöner Sandstrand im Süden Korsikas zwischen Sartène und Bonifacio im Golf von Ventilegne gelegen.

Anfahrt: (GPS: 41°25'35" N und 09°07'19" E)
Von Bonifacio (55-57) fährt man auf der N196 in Richtung Sartène (49) an der Küste entlang und erreicht nach ca. 7,5 km die Zufahrtsstraße D358 zum Strand von La Tonnara. Am Strand gibt es einen Parkplatz mit einer Einfahrtsbarriere für Wohnmobile.

Der gelbliche Sandstrand von La Tonnara hat einen schönen, geschwungenen Verlauf. Am Strand gibt es zwei Restaurants, in denen auch frische Langusten und andere Fischspezialitäten angeboten werden. Etwas vorgelagert gibt es zahlreiche kleine Felsinseln. Das Gebiet in der großen, offenen Bucht ist recht windig und daher bei Surfern sehr beliebt. Durch die vielen Felsen und den teilweise auch aus Nordosten ablandig kommenden Wind, ist dieses Gebiet nur Surfern mit entsprechender Erfahrung und Können zu empfehlen. Am Strand gibt es neben einem Beach Volleyballfeld auch die Möglichkeit, einen Jet-Ski auszuleihen oder eine Tour mit dem Quad zu buchen.

Hinweise:
• Sonnenschirm- und Liegenverleih vorhanden
• Bei Surfern beliebter Strand
• Jet-Ski- und Quadverleih am Strand

Ausflugstipp:
Vom La Tonnara Strand bietet sich ein Besuch in der abgeschieden und versteckt gelegenen Wallfahrtskirche „Ermitage de la Trinité" an. Um zur Kirche zu gelangen, fährt man auf der N196 in Richtung Bonifacio. Etwa 2,5 km nach der Zufahrt zum Strand von La Tonnara muss man von der N196 scharf rechts abbiegen. Von hier sind es noch ca. 1,2 km, bis man die Wallfahrtskirche erreicht. Vom Vorplatz der Kirche kann man eine tolle Aussicht auf die Küste genießen.

Wenn man auf der N196 von der Zufahrtsstraße zum Strand La Tonnara weiter in Richtung Sartène fährt, erreicht man nach etwa 6 km die Abzweigung, die nach Figari und Porto-Vecchio (61,62) führt. Der Ort Figari verfügt auch über einen eigenen Flughafen, der von mehreren deutschen Flughäfen aus angeflogen wird.

Das Gebiet um Figari ist vor allem für den Weinanbau bekannt, da es sehr gute geologische und klimatische Voraussetzungen bietet. Angebaut werden auf ca. 100 ha von verschiedenen Weingütern ca. 60% Rotweine, ca. 30% Roséweine und ca. 10% Weißweine. Die beiden Weinanbaugebiete von Porto-Vecchio und Figari bilden zusammen die südlichsten Weinanbaugebiete von Frankreich. Auf Korsika wurde schon von den Römern und den Genuesern aus Trauben Wein gekeltert.

Gut zu verbinden mit: 50, 51, 53, 55, 56, 57, 58, 59

Südosten

Küstenort Bonifacio

Kurzbeschreibung:
In der Oberstadt von Bonifacio kann man sehr schön in den vielen kleinen Gassen entlangschlendern.

Anfahrt: (GPS: 41°23'21" N und 09°09'56" E)
Von Sartène (49) im Südwesten Korsikas aus erreicht man Bonifacio auf der gut ausgebauten N196 nach ca. 53 km. Von Porto-Vecchio (61,62) im Südosten sind es auf der N198 ca. 29 km in südlicher Richtung bis nach Bonifacio. Das Auto kann unten am Hafen oder in der Oberstadt am großen Parkplatz neben dem Friedhof geparkt werden. Die Zufahrt in die Oberstadt ist für Wohnmobile gesperrt. Da Bonifacio gerne besichtigt wird, empfiehlt es sich, die Stadt in der Nebensaison oder möglichst früh morgens oder abends zu besuchen. Dann geht es wieder etwas ruhiger auf den Straßen und in den Gassen zu.

Geschichte:
In der Nähe des Hafens von Bonifacio wurde das Skelett einer ca. 35 Jahre alten Frau gefunden. Wissenschaftler vermuten, dass die Frau ca. 7.500 v. Chr. auf der Insel gelebt hat. Dies wären die ersten Zeichen einer Besiedelung während der Steinzeit auf Korsika. Das Skelett der berühmten „Dame von Bonifacio" wird in Levie im Museum „Departementale de l' Alte Rocca" (52) ausgestellt. Die Menschen lebten damals als Jäger und Sammler. Sie jagten mit Pfeil und Bogen oder mit Speeren, die sie mit Steinspitzen bestückten. Zu dieser Zeit waren die Menschen noch nicht sesshaft. Sie lebten in Höhlen oder unter Felsvorsprüngen und zogen den Tieren hinterher, die sie jagten.

Durch die strategisch günstige Lage war Bonifacio immer wieder hart umkämpft. Im 12. Jh. gelang es Genua, die dort damals ansässigen Pisaner zu vertreiben. Den großteils neu angesiedelten genuatreuen Einwohnern wurden Sonderrechte, wie die Selbstverwaltung und das Prägerecht für Münzen, eingeräumt. Dadurch waren die Einwohner ihren neuen Herrschern wohlgesinnt. Im Jahre 1420 n. Chr. wurde die Stadt vom spanischen König von Aragonien belagert. Aus dieser Zeit stammt die angeblich über Nacht in den Fels gehauene sehenswerte Treppe (57), zu der es mehrere Legenden gibt.

Wer vom Hafen aus in die Oberstadt läuft, wird oben angekommen vor der Stadtmauer die Kapelle „Saint-Roch" sehen. Die Kapelle wurde an der Stelle errichtet, an der 1528 das letzte Opfer der Pestepidemie starb. An dieser Epidemie ging damals der Großteil der Bevölkerung von Bonifacio zugrunde. Etwas oberhalb von der Kapelle betritt man die Oberstadt über eine Zugbrücke. Nicht weit von hier steht das Haus Nr.7, in dem Napoleon Bonaparte vom 22.01.1793 bis zum 03.03.1793 nach seinem gescheiterten Sardinien-Feldzug wohnte.

Gut zu verbinden mit: 50, 51, 53, 54, 56, 57, 58, 59, 60, 61, 62

Südosten

Küstenort Bonifacio

Kurzbeschreibung:
Die spektakuläre Lage der Häuser hoch oben auf dem teilweise unterspülten Kreidefelsen ist einzigartig in Bonifacio.

Anfahrt: (GPS: 41°23'21" N und 09°09'56" E)
Von Sartène (49) im Südwesten Korsikas aus erreicht man Bonifacio auf der gut ausgebauten N196 nach ca. 53 km. Von Porto-Vecchio (61,62) im Südosten sind es auf der N198 ca. 29 km in südlicher Richtung bis nach Bonifacio. Das Auto kann unten am Hafen oder in der Oberstadt am großen Parkplatz neben dem Friedhof geparkt werden. Da Bonifacio zu den Topzielen auf Korsika zählt, empfiehlt es sich, die Stadt in der Nebensaison oder möglichst früh morgens oder später am Abend zu besuchen. Besonders in der Hauptsaison sind die Parkplätze, Straßen und Gassen sehr gut besucht.

Bonifacio ist die südlichste Stadt Frankreichs und zudem eine der ältesten Städte auf Korsika. Früher war Bonifacio durch die Nähe zu Sardinien ein beliebter Unterschlupf für Banditen. Diese konnten sich von hier bei Gefahr schnell in das nur 12 km entfernte Sardinien absetzen.
In den vielen kleinen Gassen der Oberstadt kann man wunderschön verweilen. Besonders auffallend sind die gemauerten Verstrebungen, die über den Gassen die Häuser miteinander verbinden. Hierbei handelt es sich um ein ausgeklügeltes Wasserauffangsystem, welches im 14. Jh. von den Genuesern ge-

baut wurde. Das Regenwasser wurde von den Dächern aufgefangen und über gemauerte Rinnen in eine riesige Zisterne unterhalb der Kirche „Sainte-Marie-Majeure" geleitet. Im Falle einer Belagerung war dies ein überlebenswichtiger Wasservorrat für die Einwohner.

Der Hafen von Bonifacio liegt vom Meer aus gut geschützt, am Ende eines tief in die Kreidefelsen eingeschnittenen Meeresausläufers. Von hier werden viele Bootstouren angeboten.

Wandertipp:
Von der Oberstadt aus kann man auf einem Pfad entlang den Kreidefelsen bis zum Leuchtturm „Capu Pertusato" laufen. Hierbei genießt man herrliche Aussichten auf die Küste und die Häuser von Bonifacio auf den unterspülten Felsen.

Ausflugstipp:
Besonders lohnenswert ist ein Bootsausflug zur Grotte „Marine du Sdragonato". Die größeren Ausflugsboote passen gerade so durch die Einfahrtsöffnung der Grotte. In der Decke der Grotte befindet sich ein großer Durchbruch in Form der Umrisse Korsikas. Vom Boot aus ist der Blick auf die 60-80 m hoch oben, auf den teilweise unterspülten Felsen gelegenen Häuser, besonders eindrucksvoll.

Gut zu verbinden mit: 50, 51, 53, 54, 55, 57, 58, 59, 60, 61, 62

Südosten

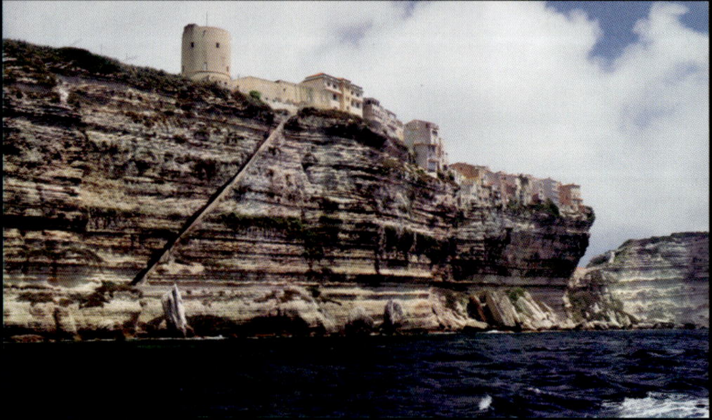

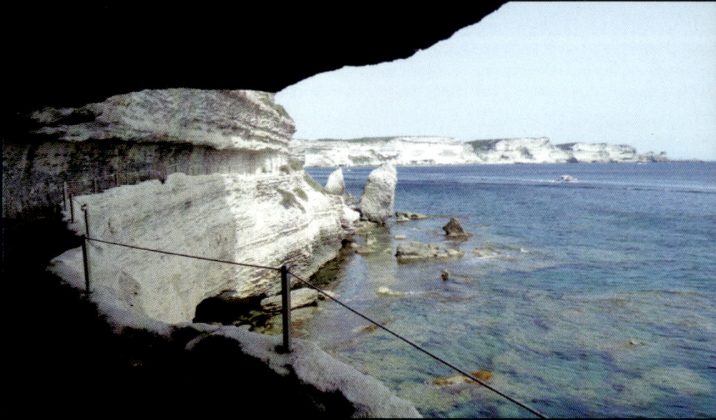

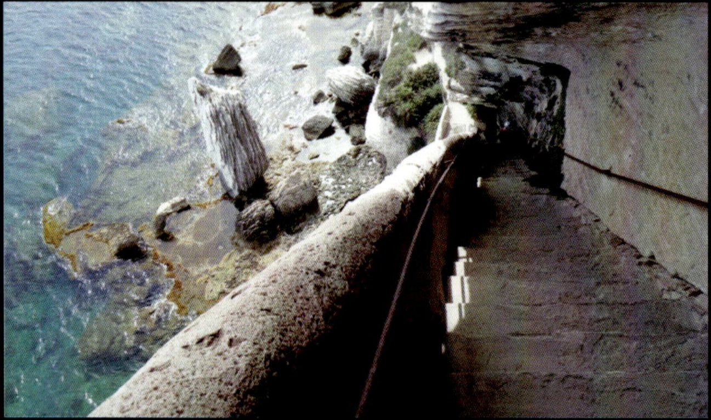

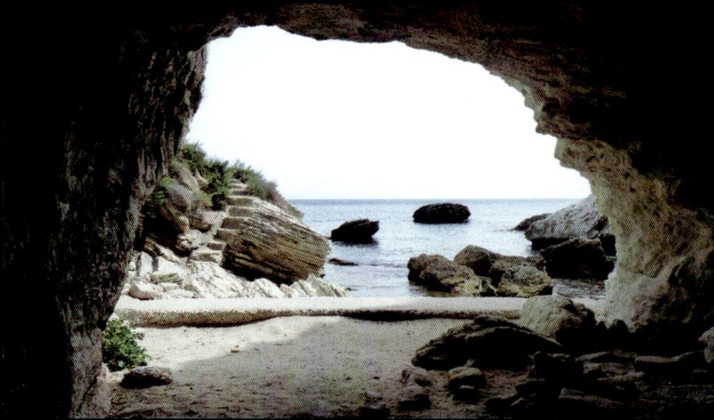

Kurzbeschreibung:
In den Kreidefelsen gehauene Treppe mit schöner Legende.

Anfahrt: (GPS: 41°23'21" N und 09°09'56" E)
Die Anfahrt nach Bonifacio ist bei (55) beschrieben. Da Bonifacio zu den Topzielen auf Korsika zählt, empfiehlt es sich, die Stadt in der Nebensaison oder möglichst früh morgens oder abends zu besuchen. Besonders in der Hauptsaison sind die Straßen und Gassen sehr gut besucht. Der Zugang zur Treppe selbst befindet sich in der Oberstadt, dem sogenannten „Ville Haute". Am leichtesten ist die Treppe vom großen Parkplatz neben dem Friedhof in der Oberstadt zu finden. Von hier läuft man in die Oberstadt und hält sich am Ortseingang rechts, um zur Felsküste zu gelangen. Der Weg zur Treppe ist durch Schilder mit der Aufschrift „Escalier Roy d' Aragon" markiert. Die Treppe liegt etwas versteckt an der südwestlichsten Ecke der Oberstadt.

Die aus 187 Stufen bestehende Treppe führt hinab zum Meer. Unten angekommen, schlängelt sich ein in den Kreidefelsen gehauener und durch Stahlseile gesicherter Pfad die Felswand entlang. Dieser endet in einer kleinen Höhle. Der Höhlenvorraum ist begehbar. Der tiefere Zugang in die nicht beleuchtete Höhle ist durch ein Stahlgitter gesichert und nicht begehbar. Zurück geht es auf dem gleichen Weg. Besonders im Sommer können sich die 187 Stufen nach oben zu einer schweißtreibenden Angelegenheit entwickeln. Eintritt 2,50 €

Geschichte:
Die Stadt wurde im Jahre 828 n. Chr. von dem Grafen Bonifacio gegründet. Dieser ließ oben auf dem ins Meer laufenden Kreidefelsen zur Abwehr der Sarazenen eine mächtige Zitadelle bauen. Vom Meer aus gesehen erscheint die Zitadelle, 60-80 m senkrecht über dem Meer auf den Kalkfelsen gelegen, uneinnehmbar. Zum Land hin war sie durch eine wuchtige Stadtmauer mit Zugbrücke gesichert. Im Jahre 1195 n. Chr. wurde die Stadt dennoch von den Genuesern erobert. Die Bewohner wurden vertrieben. Man hat dann eine Kolonie aus genuesischen Bürgern angesiedelt. Die Zitadelle baute man noch gewaltiger aus. Im Jahre 1420 belagerte der spanische König Alfons V. von Aragonien die Stadt.

Um die vermutlich um 1420 n. Chr. in den Fels gehauene Treppe gibt es verschiedene Legenden. Eine davon besagt, dass die Truppen des Königs von Aragonien die Treppe in nur einer Nacht in den Fels schlugen, um die schwer einzunehmende Stadt auch von hier anzugreifen. Eine andere Legende erzählt, dass die Treppe von der Bevölkerung in den Fels gehauen wurde, um sich Zugang zu einer Trinkwasserquelle zu verschaffen und um Hilfe für die von Alfons V. von Aragonien belagerte Stadt zu holen.

Gut zu verbinden mit: 50, 51, 53, 54, 55, 56, 58, 59, 60, 61, 62

Südosten

Strand von Santa Manza

Kurzbeschreibung:
Sehr schöner Sandstrand in einer tollen Badebucht mit einem edlen Restaurant und gemütlichem Loungebereich direkt am Strand.

Anfahrt: (GPS: 41°24'30" N und 09°12'58" E)
Von Bonifacio (55-57) fährt man auf der D58 in nordöstlicher Richtung an Saint-Julien vorbei, bis man nach ca. 5 km auf die D60 trifft. Hier biegt man nach links und bereits nach ca. 100 m wieder nach rechts ab und erreicht nach etwa 1,5 km den schönen Strand von Santa Manza.

Der Strand von Santa Manza liegt im Golf von Santa Manza. Der Sandstrand in der sehr schönen Bucht hat hier eine rötliche Färbung. Am Strand gibt es ein Volleyballfeld.

Hinweis:
• Sonnenschirm- und Liegenverleih vorhanden
• Am Strand gibt es ein exclusives Restaurant mit Lounge
• Parkplatz am Strand vorhanden

Restauranttipp:
Im edlen „Maora Beach" Restaurant kann man sich in sehr schönem Ambiente auf der großen Holzterrasse direkt am Strand kulinarisch verwöhnen lassen. Wer möchte, kann dort anschließend in der idyllischen Lounge bei einem Cocktail entspannen, sich eine Liege am Strand mieten oder ein Boot chartern.

Strandtipp:
Östlich von Bonifacio, gegenüber der Insel Île Cavallo, liegen die Traumstrände von Sperone bei den römischen Ausgrabungen von Piantarella.

Ausflugstipp:
Von Bonifacio aus werden Bootstouren zu der Insel Île Cavallo, die zu der Inselgruppe der Îles Lavezzi gehört, angeboten.

Campingtipp:
Campingplatz mit Schwimmbad, Tennisplatz und Spielplatz am Südostzipfel von Korsika. Von Bonifacio fährt man auf der D58 in östlicher Richtung, bis nach ca. 1,5 km eine kleine Straße nach rechts Richtung Saint-Jean abzweigt. Dieser folgt man und muss sich nach 2 km links halten. Nach weiteren 2,5 km erreicht man den Campingplatz auf der linken Seite. Der Platz ist vom 01.04.-10.10. geöffnet.

Adresse:
Camping des Iles
Route de Piantarella
F - 20169 Bonifacio

Kontakt:
Tel.: 0495 731 189
Fax: 0495 731 877

camping.des.iles.bonifacio@wanadoo.fr
www.camping-desiles.com   GPS: 41°22'41" N / 09°12'37" E

Gut zu verbinden mit: 53, 54, 55, 56, 57, 59, 60, 61, 62

Südosten

Kurzbeschreibung:
Durch die wunderschöne Lage und das kristallklare, türkis-
blaue Wasser zählt der Strand zu den schönsten auf Korsika.

Anfahrt: (GPS: 41°28'03" N und 09°15'53" E)
Den Strand von Rondinara erreicht man von Bonifacio (55-57)
aus, indem man auf der N198 in Richtung Porto-Vecchio
(61,62) und Bastia (1) fährt. Nach etwa 13 km erreicht man auf
der rechten Seite eine Abzweigung, die zum Strand von Rondinara führt. Von hier sind es noch etwa 7 km auf der teilweise
neu asphaltierten D158 am kleinen Ort Suartone vorbei, bis
man die malerische Badebucht in traumhafter Lage erreicht.
Von Porto-Vecchio aus erreicht man die Abzweigung nach ca.
13 km auf der N198 in südlicher Richtung. Am Strand gibt es
einen großen, kostenpflichtigen Parkplatz.

Am feinen Sandstrand, in der traumhaft schönen Bucht mit
dem kristallklaren und türkisblauen Wasser, kann man prima
baden und die Sonne genießen. Durch die zum Meer hin fast
geschlossene Bucht, ist dieser windstille Platz auch bei Seg-
lern ein beliebter Ankerplatz.

Hinweise:
• Sonnenschirm- und Liegenverleih vorhanden
• Am Strand gibt es ein Restaurant
• kostenpflichtiger Parkplatz am Strand vorhanden

Von Bonifacio aus erreicht man auf der N198 ca. 7 km nach der
Abzweigung zum Strand von Rondinara die Zufahrtsstraße zum
sehr beliebten und meist entsprechend gut besuchten Strand
von Giulia. Bis Porto-Vecchio sind es von der Abzweigung beim
Ort Armentaggiu ca. 8 km. Am weißen Sandstrand werden
auch verschiedene Wassersportmöglichkeiten angeboten.

Campingtipp:
Nur 10 Min. Fußweg auf einem Pfad durch die Macchia ist der
schöne Campingplatz „Camping La Rondinara" von dieser
Traumbucht entfernt. Auf der Fahrt zum Strand kommt man
an der Zufahrt zum Campingplatz vorbei und kann diese nur
schwer verfehlen. Auf dem etwa 5 ha großen Platz gibt es einen
schönen Swimmingpool, Restaurant, einen Lebensmittelladen,
Spielplatz sowie ein Abendprogramm. Neben den ca. 120
Stellplätzen werden auf dem Platz auch Mietbungalows angeboten. Der Platz ist vom 15.05.-30.09. geöffnet.

Adresse:
Camping La Rondinara
Suartone - route de la plage
F - 20169 Bonifacio

Kontakt:
Tel .: 0495 704 315
Fax : 0495 705 679
reception@rondinara.fr
www.camping-rondinara.com
GPS: 41°28'23"N – 9°15'47"E

Gut zu verbinden mit: 54, 55, 56, 57, 58, 60, 61, 62

Südosten

Kurzbeschreibung:

Diese beiden nebeneinander liegenden Sandstrände bei Porto-Vecchio zählen zu den schönsten auf Korsika.

Anfahrt: (GPS: 41°33'15" N und 09°19'05" E)

Um zu den Stränden zu fahren, muss man Porto-Vecchio (61,62) auf der N198 in Richtung Bonifacio (55-57) verlassen. Am zweiten Kreisverkehr nach dem Ortsausgang biegt man nach links auf die Halbinsel zu den Traumstränden von Palombaggia und Tamarucciu ab. Auf der Straße erreicht man nach ca. 7 km eine Abzweigung, die zum renovierten, aber nicht begehbaren Leuchtturm „Phare de la Chappia" führt. Nach diesem Abstecher geht es weiter an Piccovaggia vorbei, bis man ca. 1,2 km nach dem kleinen Ort die ersten Zufahrtsstraßen zu einem großen und gebührenpflichtigen Parkplatz am „Plage de Palombaggia" erreicht. Auf den folgenden ca. 4 km bietet sich immer wieder ein grandioser Ausblick auf die Küste mit dem türkisblauen Wasser. An mehreren Stellen zweigen kleine Stichstraßen zu den beiden Stränden ab. In dieser Fahrtrichtung erreicht man zuerst den berühmten Strand von Palombaggia und im Anschluß den Strand von Tamarucciu. Beide Strände sind durch einem kleinen Pfad an der Küste entlang verbunden.

Feiner, weißer Sandstrand und glasklares, türkisblaues Wasser findet man an diesen beiden Traumstränden. Die angebotenen Sonnenschirme und Liegestühle sind hier teilweise extrem teuer.

Hinweise:

• Sonnenschirm- und Liegenverleih vorhanden
• Am Strand gibt es mehrere Restaurants und Bars
• Es gibt meist kostenpflichtige Parkplätze am Strand

Strandtipp:

Nördlich von Porto-Vecchio gelegen gibt es mehrere schöne Sandstrände und Buchten. Um zu den Stränden zu gelangen, verlässt man Porto-Vecchio auf der N198 in nördlicher Richtung und biegt nach ca. 4 km rechts auf die D468 Richtung San Ciprianu und Pinarellu ab. Etwa 5 km nach dieser Abzweigung fährt man rechts nach San Ciprianu und erreicht die halbrunde Bucht mit weißem Sandstrand und türkisfarbenem Wasser nach ca. 1 km. Die schöne Lage nutzen auch verschiedene Wassersportanbieter. Alternativ kann man auf der D468 weiterfahren und erreicht nach etwa 6 km den schönen, langen Sandstrand von Pinarellu hinter einem Pinienwald.

Wandertipp:

Von Porto-Vecchio aus fährt man auf der D368 ins Landesinnere Richtung Zonza. Nach ca. 22 km erreicht man den Stausee von L' Ospédale. Etwa 3,5 km nach dem Stausee befindet sich ein Parkplatz, von dem aus man in ca. 1 Std. zum Wasserfall „Piscia di Gallo" wandern kann.

Gut zu verbinden mit: 55, 56, 57, 58, 59, 61, 62

Südosten

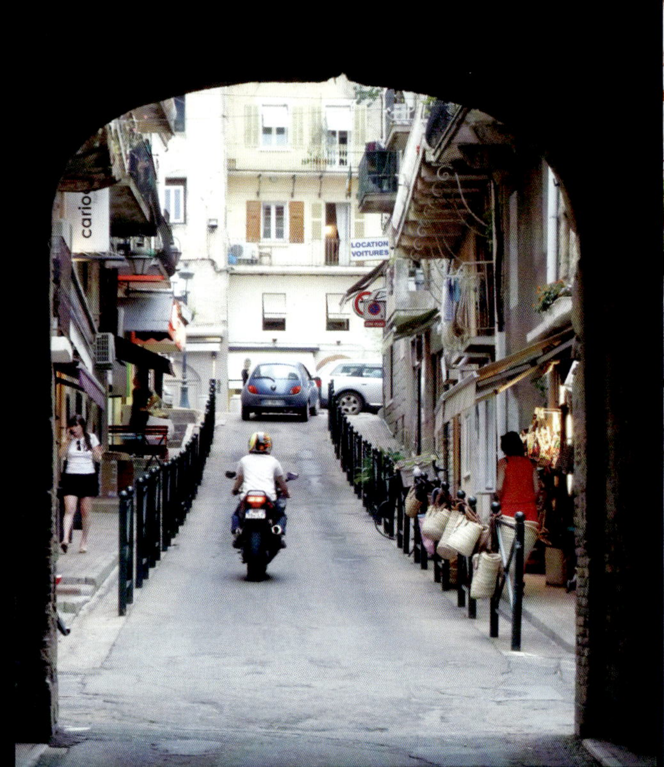
cario
LOCATION
VOITURES

Bali-là
Bali - là

15€
Nos Formules
15€

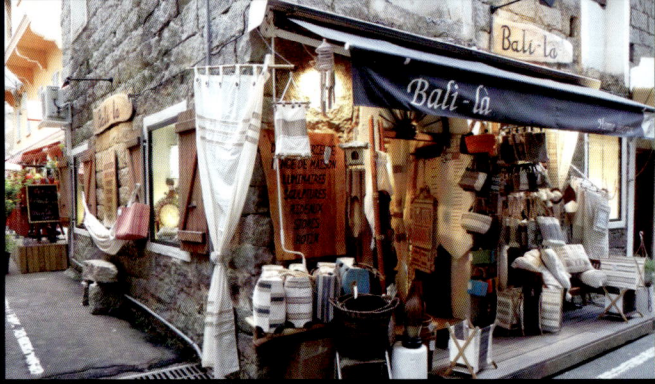

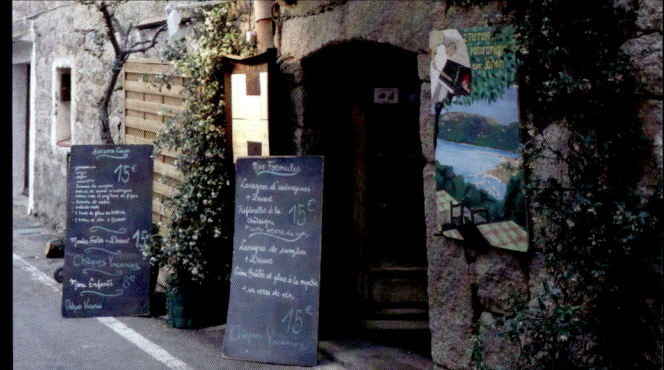

Küstenort Porto-Vecchio

Kurzbeschreibung:
Lebhafter Urlaubsort mit schönen Altstadtgassen innerhalb der großen Zitadelle und großem Yachthafen.

Anfahrt: (GPS: 41°35'27" N und 09°16'46" E)
Von Bonifacio (55-57) aus erreicht man Porto-Vecchio auf der N198 nach ca. 29 km. Wer von Norden kommt, erreicht den Ort von Bastia (1) aus nach ca. 145 km. Von Solenzara (66) aus sind es noch ca. 40 km auf der N198 bis nach Porto-Vecchio. Im Ort orientiert man sich in Richtung Zentrum und kann entweder am Hafen oder in der Oberstadt parken.

Einen Spaziergang in den Gassen der Zitadelle sollte man nicht versäumen. Ein beliebter Treffpunkt sind die zahlreichen Bars, Cafés und Restaurants am „Place de la République" bei der Kirche „Eglise Saint-Jean-Baptiste". Aber auch in den vielen kleinen Gassen gibt es schöne Einkaufsläden und idyllisch gelegene Restaurants, die neben Einheimischen auch viele Besucher der Stadt anlocken.

Geschichte:
Die erst, im Jahre 1539 von den Genuesern gegründete Stadt, wurde bereits im Juli 1564 vom korsischen Freiheitskämpfer Sampiero Corso mit seinen Truppen eingenommen. Doch der Erfolg sollte nicht von Dauer sein. Im November desselben Jahres stand Giovanni Doria, ein genuesischer General, mit einem Heer von ca. 1.000 italienischen und deutschen Söldnern vor den Stadtmauern und nahm die Stadt erneut ein. Sampiero Corso, der seine eigene Frau 1563 wegen Fluchtabsichten nach Genua tötete, wurde am 17.01.1567 von den Vettern seiner Frau in einen Hinterhalt gelockt und umgebracht.

Im Jahre 1578 wurde der heute noch gut erhaltene Befestigungsring der Zitadelle von den Genuesern massiv ausgebaut. Über dem Eingangstor der Zitadelle kann man heute noch den bodenlosen Gusserker sehen. So konnten unmittelbar vor dem Tor stehende Angreifer abgewehrt werden, indem von oben siedende Flüssigkeiten, wie Wasser oder Öl, auf sie herabgegossen oder Steine auf die Angreifer hinabgeworfen wurden.

Die Rechnung hatten die Einwohner aber ohne einen viel kleineren Feind gemacht. Im sumpfigen Mündungsgebiet des Stabaccio hatte sich die Malariamücke stark ausgebreitet, und so kam es, dass der Ort im Jahre 1581 nach einer Malaria-Epidemie verlassen wurde. Erst nach dem Zweiten Weltkrieg gelang es mit Hilfe der Amerikaner und dem Einsatz von DDT, die Malariamücke in der Region auszurotten. Nach und nach gewann das Gebiet wieder an Bedeutung. Es wurde begonnen Kork abzubauen und über den Hafen zu verschiffen. Heute ist der Tourismus ein wichtiges Standbein für Porto-Vecchio.

Gut zu verbinden mit: 55, 56, 57, 58, 59, 60, 62, 63, 64, 65, 66

Südosten

Kurzbeschreibung:
In Porto-Vecchio lässt sich besonders schön am Yachthafen und in den kleinen Gassen in der Oberstadt schlendern.

Anfahrt: (GPS: 41°35'21" N und 09°17'08" E)
Von Bonifacio (55-57) aus erreicht man Porto-Vecchio auf der N198 nach ca. 26 km. Wer von Norden kommt, erreicht den Ort von Bastia (1) nach ca. 145 km. Von Solenzara (66) aus sind es noch ca. 40 km auf der N198 bis nach Porto-Vecchio. Im Ort orientiert man sich in Richtung Zentrum und kann entweder am Hafen oder in der Oberstadt parken.

Am schönen Yachthafen kann man entlang flanieren und die vielen Motor- und Segelyachten bestaunen. Meist liegen auch recht große Yachten im Hafen. Hier hat man die Möglichkeit, Boote unterschiedlicher Größe mit oder ohne Skipper zu chartern. Um den Hafen gibt es verschiedene Bars und Restaurants. Hoch über dem Hafenbecken liegt die Altstadt innerhalb der großen Zitadelle mit der wuchtigen und abends beleuchteten Stadtmauer.

Südlich an Porto-Vecchio angrenzend befinden sich die einztigen Salinen. Hier wurde lange Zeit nach traditioneller Arbeitsweise Salz aus Meerwasser gewonnen. Hierzu wurden die Salinenfelder mit Meerwasser geflutet. Die Sonne ließ das Wasser verdunsten und übrig blieben die abgelagerten Salzschichten. Diese wurden dann später abgebaut und als Meersalz verkauft.

In der Gegend um Porto-Vecchio gibt es die größten Korkeichenwälder auf Korsika. Der Kork wurde schon von den Römern, neben Harz und Pech, als Flaschenverschluss genutzt. Auch heute wird der Kork noch von den Bäumen geschält, da er als Flaschenverschluß z.B. für Weine ideal geeignet ist. Die Rinde der Korkeichen wird erst nach 20-30 Jahren das erstemal geschält, um den begehrten Kork zu ernten. Hierbei werden große Korkplatten vom Stamm gelöst. Anschließend kann der Kork ca. alle 10 Jahre erneut geerntet werden. Nach der Ernte wird der Kork zunächst für ca. 6 Monate getrocknet, dann gekocht, desinfiziert und in verschiedene Qualitätskategorien eingestuft. Nur die besten Stücke werden zu Flaschenkorken weiterverarbeitet. Der Rest wird zu Korkböden, Pinwänden oder aufgrund der schlechten Wärmeleitfähigkeit auch zu Dämmstoffen verarbeitet.

Restauranttipp:
Um zur Strandbar „Le Beach Bar a Cala Rossa" zu gelangen, verlässt man Porto-Vecchio auf der N198 in nördlicher Richtung und biegt nach ca. 4 km rechts auf die D468 Richtung San Ciprianu und Pinarellu ab. Nach weiteren ca. 4 km muss man wieder rechts auf die D468A nach Cala Rossa abbiegen, um zur direkt am Strand von Cala Rossa gelegenen Strandbar „Le Beach Bar a Cala Rossa" zu gelangen.

Gut zu verbinden mit: 55, 56, 57, 58, 59, 60, 61, 63, 64, 65, 66

Südosten

Kurzbeschreibung:
Wunderschöne, ca. 250 m lange Badebucht mit kristallklarem Wasser und weitere Traumstrände in unmittelbarer Umgebung.

Anfahrt: (GPS: 41°43'00" N und 09°24'03" E)
Von Porto-Vecchio (61,62) aus fährt man auf der N198 in nördlicher Richtung an Lecci vorbei und erreicht nach etwa 20 km den Fautea Strand. Dieser befindet sich an der Stelle, an der die N198 wieder direkt auf die Küste trifft, unmittelbar beim Fautea Campingplatz.

Am nördlichen Fautea Strand, der schon von der Küstenstraße N198 aus sichtbar ist, erwarten einen glasklares Wasser und ein herrlicher Sandstrand. Wer es etwas ruhiger mag, wird meist am südlichen Fautea Strand fündig werden. Dieser ist von der N198 nicht sichtbar und wird vom nördlichen Fautea Strand nur durch die kleine Landzunge mit dem imposanten Genueserturm getrennt. Um zum südlichen Fautea Strand zu gelangen, muss man von Süden kommend vor dem Campingplatz am Fautea Strand rechts den kleinen Pfad wählen. Dieser führt nach ca. 200 m zum südlichen Fautea Strand.

Ausflugstipp:
Im ca. 9 km südlich von den Fautea Stränden gelegenen Lecci, gibt es in der Zeit vom 01.03. bis 30.09. einen Markt, auf dem landwirtschaftliche Erzeugnisse der Gegend verkauft werden.

Aussichtstipp:
Vom Pfad, der von der N198 vor dem Campingplatz zum südlichen Fautea Strand führt, zweigt nach etwa 150 m, kurz vor Erreichen des Strandes, ein weiterer Pfad nach links ab. Dieser führt nach ca. 300 m zum Genueserturm, der auf der Landzunge zwischen den beiden Stränden liegt.

Strandtipp:
Alternativ zu den beiden Fautea Stränden bietet sich auch ein Besuch des südlich davon, an der Mündung des Cavu-Flusses gelegenen „Plage d'Olmuccio" an. Um zum Strand zu gelangen, läuft man vom südlichen Fautea Strand ca. 5 Minuten in südlicher Richtung.

Campingtipp:
Für Zelturlauber ist dieser überschaubare Campingplatz, direkt zwischen den beiden Fautea Stränden, durch seine idyllische Lage auf der Landzunge mit Blick auf das Meer ideal geeignet. Es gibt auch ein paar Plätze für Wohnwagen oder Wohnmobile. GPS: N 41°42'57" E 9°24'6"

Adresse:	Kontakt:
Campingplatz Fautea	Tel.: 0495 714 151
F - 20144 Ste Lucie-de-Porto-Vecchio	Fax: 0495 715 762

Gut zu verbinden mit: 60, 61, 62, 64, 65, 66

Kurzbeschreibung:
Auf dieser sehr lohnenswerten Strecke durch die wilde Berglandschaft Korsikas bieten sich grandiose Ausblicke.

Anfahrt: (GPS: 41°47'45" N und 09°13'30" E)
Von Porto-Vecchio (61,62) aus fährt man zunächst auf der D368 ins Landesinnere in Richtung Zonza. Nach ca. 22 km kommt man am Stausee von L' Ospédale vorbei. Die Kiefern stehen hier teilweise im Wasser des Sees. Etwa 3,5 km nach dem Stausee befindet sich ein Parkplatz. Wer wandern möchte, hat hier die Möglichkeit, zum Wasserfall „Piscia di Gallo" (60) zu wandern. Für den Hin- und Rückweg zum Wasserfall müssen ca. 2 Std. Gehzeit eingeplant werden, bevor es auf der D368 nach Zonza geht. Wer Lust und Zeit hat, kann von Zonza aus noch einen Abstecher auf der D420 durch gut duftenden Pinienwald in das ca. 8 km entfernte Quenza unternehmen, von dem man einen tollen Blick auf das Bavella Massiv genießen kann. Die Rückfahrt nach Zonza erfolgt auf gleicher Strecke. In Zonza wählt man die D268 in Richtung Col de Bavella und kann atemberaubende Panoramaausblicke auf den folgenden ca. 9 km bis zur Passhöhe am Col de Bavella, auf dem die Statue „Notre-Dame des Neiges" steht, genießen. Jedes Jahr pilgern Gläubige am 05. August zu dem Wallfahrtsort mit der Marienstatue. Dies ist der schönste Teil der Strecke. Immer wieder bieten sich herrliche Ausblicke auf die „Aiguilles de Bavella", die Felsnadeln des Bavella-Massivs. Der höchste der 7 Berge ist der 1.855 m hohe Punta Alta. Von der Passhöhe aus geht es weiter in Richtung Solenzara. Nach ca. 20 km verläuft die Straße parallel zum Solenzara-Fluss (66). Hier gibt es immer wieder Möglichkeiten, das Auto zu parken und zu den Badegumpen am Fluss hinabzusteigen. In Solenzara endet die schöne Strecke, und man trifft dort auf die N198 Küstenstraße.

Strandtipp:
Von Solenzara aus erreicht man die Traumbucht von Cannella (65) nach ca. 6 km auf der N198 in südlicher Richtung. Weitere 12 km südlich befindet sich der Strand von Fautea (63).

Campingtipp:
Der ca. 10 ha große, weitläufige „Arinella Bianca Campingplatz" liegt etwa 22 km nördlich von Solenzara, direkt am Meer. In der parkähnlichen Anlage gibt es viele schattenspendene Bäume und Büsche. Ein Supermarkt, Restaurant und Pools sind vorhanden. Es werden auch viele Mietbungalows angeboten. Der Platz ist von 13.04.-30.09. geöffnet.

Adresse:
Camping
Arinella Bianca
F - 20240 Ghisonaccia

Kontakt:
Tel.: 0495 560 478
Fax : 0495 561 254
arinella@arinellabianca.com
www.camping-corse.fr

Gut zu verbinden mit: 52, 60, 61, 62, 63, 65, 66

Südosten

Kurzbeschreibung:
Die Bucht von Cannella zählt zu einer der malerischsten und am idyllischsten gelegenen Badebuchten auf Korsika.

Anfahrt: (GPS: 41°47'59" N und 09°23'38" E)
Aus südlicher Richtung erreicht man diese Bilderbuchbucht von Lecci ab über Fautea (63), Tarcu und Favone auf der N198 nach etwa 20 km in nördlicher Richtung. Von Solenzara (66) aus sind es ca. 6 km auf der N198 in südlicher Richtung. Die von der Straße kaum einsehbare Bucht befindet sich direkt am Hinweisschild des Restaurants „La Dolce Vita".

An dieser Traumbucht mit Sandstrand liegt neben dem oben erwähnten Restaurant auch ein kleiner Campingplatz. Am nördlichen Teil der Bucht kommen auch Schnorchler durch das felsige Gebiet auf ihre Kosten.

Alternativ kann man auch 4 km südlich am Strand von Favone baden. Da der Strand direkt an der N198 liegt, ist er nicht zu verfehlen. Durch die Straßennähe ist der Sandstrand jedoch nicht so schön, wie der in der Bucht von Cannella. Dafür werden an diesem größeren Strand Paddelboote, Sonnenschirme und Liegen verliehen. Weitere 3 km südlich gibt es weitere Bademöglichkeiten am wunderbaren Strand von Tarcu. Alle drei Strände haben den Vorteil, dass man das Fahrzeug in Strandnähe parken kann und nicht weit zum Strand laufen muss.

Ausflugstipp:
Vom 6 km nördlich gelegenen Solenzara (66) kann man auf der D268 zum Col de Bavella (64) fahren. Entlang dieser Strecke, die sich entlang des Solenzara Flusses schlängelt, gibt es immer wieder sehr idyllisch gelegene Badegumpen und andere Badestellen im Fluss.

Einkaufstipp:
In Solenzara gibt es einen Markt, auf dem Obst, Gemüse, Wurstwaren und andere regionale Produkte angeboten werden. Der Markt findet das ganze Jahr über jeden zweiten Mittwoch im Monat von 8:00-13:00 Uhr statt.

Campingtipp:
Der sehr kleine Campingplatz liegt direkt in der wunderschönen Bucht von Cannella. Der Campingplatz „Le Grand Bleu" ist von der Straße aus leicht zu übersehen.

Wandertipp:
Von Favone können Wanderfreunde auf der D168 in das etwa 10,5 km entfernte Conca fahren. Hier beginnt, bzw. endet, der bekannte GR20 Fernwanderweg auf Korsika. Er führt in etwa 15 Tagesetappen quer über die Insel. Kondition, Erfahrung und entsprechende Ausrüstung ist hierfür erforderlich.

Gut zu verbinden mit: 60, 61, 62, 63, 64, 66

Südosten

Solenzara-Fluss

Kurzbeschreibung:
Idyllisch gelegene Badegumpen, smaragdgrünes Wasser und Sandstrände an einigen Flussuferstellen laden zum Verweilen und Baden am Solenzara-Fluss ein.

Anfahrt: (GPS: 41°50'58" N und 09°21'14" E)
Von Porto-Vecchio (61,62) aus sind es ca. 38 km in nördlicher Richtung auf der N198 bis nach Solenzara. Wer von Bastia (1) aus kommt, erreicht Solenzara nach ca. 105 km in südlicher Richtung. Von der Passhöhe am Col de Bavella (64), mit der Marienstatue „Notre-Dame des Neiges", sind es etwa 30 km auf der D268 bis nach Solenzara.

Wenn man von Solenzara am Solenzara-Fluss entlang in Richtung Col de Bavella fährt, kommt man immer wieder zu großartigen Badestellen im Fluss. An mehreren Stellen hat sich das Wasser im sonst meist trockenen Flussbett zu richtigen großen Badebecken mit smaragdgrünem Wasser aufgestaut. Am besten orientiert man sich an den parkenden Autos am Straßenrand und geht zu Fuß auf Entdeckungstour, um die wunderbaren Badegumpen zu finden. Wer Aktion sucht, kann bei einem der Veranstalter auch eine geführte Canyoningtour buchen. Das erforderliche Equipment wird dort gestellt. Bei diesen Touren wird der Fluss durch Sprünge aus mehreren Metern Höhe in die Becken, durch Rutschen auf dem Fels in eines der Becken oder durch das Abseilen bezwungen. Achtung: Nicht alle Veranstalter

sprechen deutsch. Besonders Anfänger sollten darauf achten, dass sie die Sicherheitshinweise auch verstehen.

Campingtipp:
Der familiäre Campingplatz „Calamar" in Cervione liegt 50 km südlich von Bastia direkt am Meer und hat Sandstrand. Olivenoder Eukalyptusbäume spenden Schatten auf dem Platz, der von 01.04.-19.10. geöffnet ist.

Adresse:
Camping Calamar
Camille Zuccarelli
Prunete
F - 20221 Cervione

Kontakt:
Camille Zuccarelli
Tel.: 0495 380 354 (während Saison)
Tel.: 0495 340 844 (außer der Saison)
info@campingcalamar.eu
www.campingcalamar.eu

Ausflugstipp:
Wer sich für Geschichte interessiert, kann von Solenzara aus auf der N198 in das ca. 33 km nördlich gelegene Aléria fahren. Dort können die Ausgrabungen des größten heute bekannten Dorfes aus der Antike besichtigt werden. Archäologen vermuten, dass hier früher bis zu 20.000 Menschen gelebt haben. Beim Ausgrabungsgelände gibt es auch noch ein Museum zu besichtigen.

Gut zu verbinden mit: 60, 61, 62, 63, 64, 65

Südosten

Die schönsten Autotouren: Südost 1

Kurzbeschreibung: (ca. 90 km, Fahrzeit ca. 120 Min.)
Die kleinen Gassen Bonifacios und der Yachthafen von Porto-Vecchio sowie mehrere Traumstrände lassen vor allem Badefreunde auf dieser Fahrt auf ihre Kosten kommen.

Beginn dieser Tour ist Bonifacio (55-56) im Süden Korsikas. Hier lohnt sich eine Besichtigung der Oberstadt, sowie der einer Legende nach in nur einer Nacht in den Fels gehauenen Treppe (57). Von Bonifacio fährt man auf der D58 in nordöstlicher Richtung bis man nach ca. 5 km auf die D60 trifft. Hier biegt man nach links, und dann bereits nach ca. 100 m wieder nach rechts ab und erreicht den Strand von Santa Manza (58) nach etwa 1,5 km. Von hier geht es die 1,5 km auf gleicher Straße zurück, dann folgt man der D60 nach rechts, bis man auf die N198 trifft. Dieser folgt man ca. 10 km in Richtung Porto-Vecchio bis eine Abzweigung nach rechts zum Strand von Rondinara (59) führt. Von hier sind es noch etwa 7 km auf der D158 bis zur paradisischen Badebucht. Nach einer Pause am Strand geht es auf gleicher Strecke zurück bis zur N198. Dieser folgt man weiter in Richtung Norden am beliebten Strand von Giulia vorbei bis nach Porto-Vecchio (61,62). Hier kann man am Yachthafen dem Treiben zusehen und sollte die Oberstadt besichtigen. Auf der N198 geht es zurück in Richtung Bonifacio. Kurz nach Porto-Vecchio biegt man nach links auf die Halbinsel zu den Traumstränden von Palombaggia und Tamarucciu (60), bevor es auf der N198 zurück nach Bonifacio geht.

Die schönsten Autotouren: Südost 2

Kurzbeschreibung: (ca. 133 km, Fahrzeit ca. 160 Min.)
Bei dieser schönen Fahrt lassen sich Korsikas wilde Berglandschaften besonders gut mit einer Wanderung zu einem Wasserfall und einem Abschluss an tollen Badestränden verbinden.

Ausgangspunkt für diese Tour ist Porto-Vecchio (61,62). Von
hier fährt man auf der D368 ins Landesinnere in Richtung Zonza.
Nach ca. 22 km bietet sich eine Rast am Stausee von L' Ospédale an. Etwa 3,5 km nach dem Stausee befindet sich ein Parkplatz. Von hier müssen ca. 2 Std. Wanderung für Hin- und Rückweg zum Wasserfall „Piscia di Gallo" (60) eingeplant werden,
bevor es auf der D368 nach Zonza geht. Nun fährt man auf der
D420 durch herrlich duftenden Kieferwald in das 8 km entfernte
Quenza, von dem man einen tollen Blick auf das Bavella Massiv
genießt. Die Rückfahrt nach Zonza erfolgt auf gleicher Strecke.
In Zonza wählt man die D268 in Richtung Col de Bavella und
kann atemberaubende Ausblicke genießen, bevor man nach ca.
9 km die Passhöhe am Col de Bavella (64)der Statue „Notre-
Dame des Neiges" erreicht. Von hier geht es weiter in Richtung Solenzara. Nach ca. 20 km verläuft die Straße parallel zum
Solenzara-Fluss (66). Hier gibt es immer wieder Möglichkeiten,
das Auto zu parken und zu den Badestellen am Fluss hinabzusteigen. In Solenzara trifft man auf die Küstenstraße N198. Jetzt
biegt man nach rechts ab und hat noch Gelegenheit, an den
schönen Stränden von Cannella (65) oder Fautea (63) zu baden,
bevor es zurück nach Porto-Vecchio geht.

Stadtplan Ajaccio

1. Parkhaus
2. Musée »Maison Bonaparte«
3. Place M. Foch
4. Musée Napolénien
5. Musée »Palais Fesch«

Parc Sébastiani

Rue des Trois Marie

Jetée des Capucins

Boulevard Sampiero

Cours Napoléon

Rue du Cardinal Fesch

Roi Jérôme

Quai de l'Herminier

Sq. Elisa

Square Campinchi

Bd. du

Av. Antoine Sérafini

Quai de la République

Gare maritime

Fährhafen

Golfe d'Ajaccio

Place M. Foch

Jachthafen

Rue de l'Oliveto

OLIVETO

Ave. de l'Impératrice Eugénie

Parc Fordioli-Conti

Rue Sergent Casalon

Ruo du Général Fiorella Stéphanopoli

Avenue de Paris

Cours Grandval

Avenue du Général Leclerc

Place du Général Charles-de-Gaulle

Av. E. Macchini

Av. R. du Roi de Rome

Rue Bonaparte

Rue Forcioli Conti

Boulevard Pascal Rossini

Plage Saint-François

Boulevard Lantivy

Boulevard Syl. Marcaggi

Citadelle

Jetée de la Citadelle

N

0   400 m

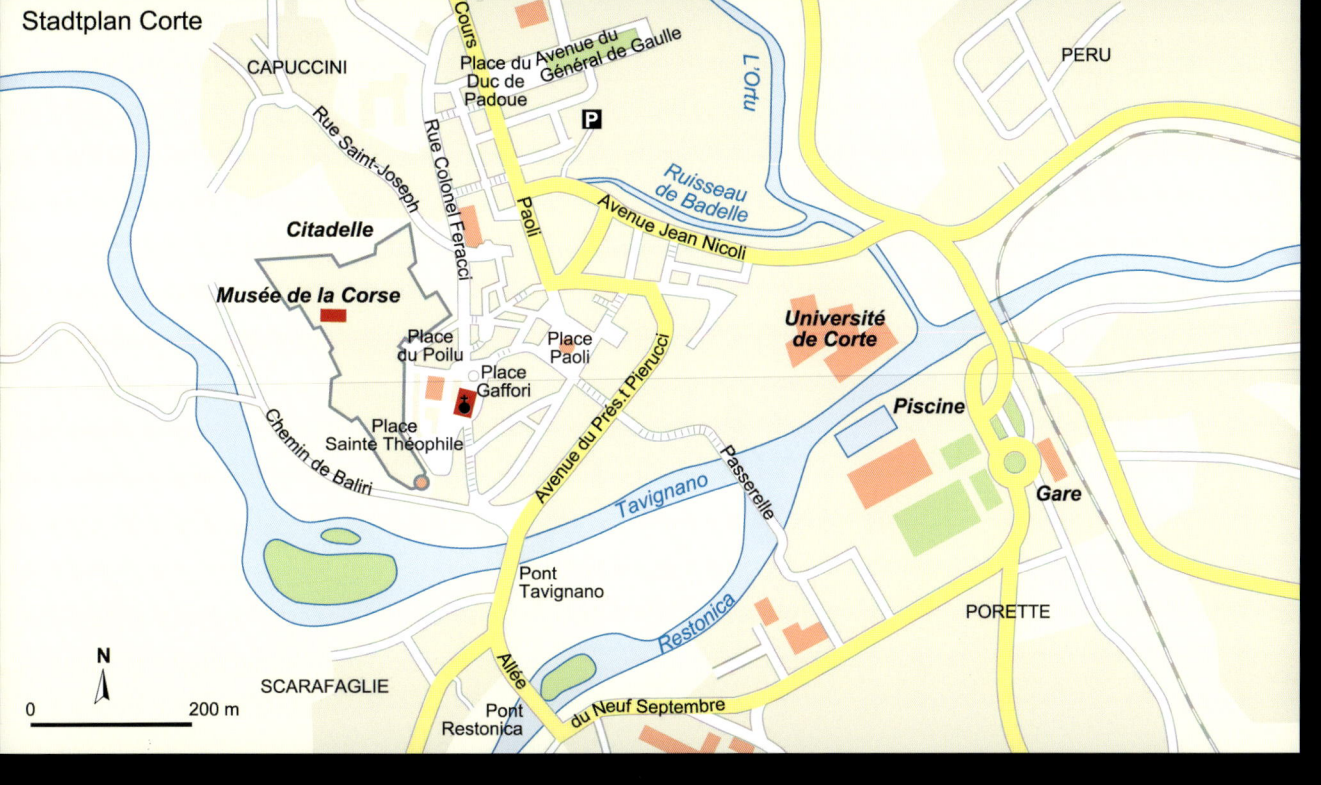

Stadtplan Corte

CAPUCCINI

PERU

Cours

Place du Duc de Padoue

Avenue du Général de Gaulle

L'Ortu

P

Rue Saint-Joseph

Rue Colonel Feracci

Paoli

Ruisseau de Badelle

Avenue Jean Nicoli

Citadelle

Musée de la Corse

Université de Corte

Place du Poilu

Place Paoli

Place Gaffori

Avenue du Prés.t Pierucci

Piscine

Chemin de Baliri

Place Sainte Théophile

Passerelle

Gare

Tavignano

PORETTE

Pont Tavignano

Restonica

N

0   200 m

SCARAFAGLIE

Allée

Pont Restonica

du Neuf Septembre

Geschichte Korsikas

9500 bis 6000 v. Chr. (Mittelsteinzeit)

Das Skelett der „Dame von Bonifacio" (52) stammt von einer Frau, die vermutlich ca. 7500 v. Chr. auf Korsika gelebt hat. Dies ist das erste Zeichen einer Besiedelung der Insel. Die Menschen leben zu dieser Zeit als Jäger und Sammler. Sie jagen mit Pfeil und Bogen oder Speeren mit Steinspitzen.

6000 bis 1800 v. Chr. (Jungsteinzeit)

Die Menschen haben gelernt, Getreide anzubauen und Tiere zu halten. Sie werden sesshaft und bauen Hütten aus Stein. Aus dieser Zeit stammen die Menhire und Steingräber, die auf Korsika u.a. in Filitosa (45) und Cauria (50) entdeckt wurden.

1800 bis 700 v. Chr. (Bronzezeit)

Die Torreaner sind die ersten Eroberer auf Korsika. Sie landen mit ihren Schiffen im Südosten der Insel und vertreiben die heimischen Megalithiker nach Norden. Durch die auf Korsika bis dahin unbekannten Bronzewaffen der Torreaner, zu denen auch Dolche und Schwerter zählen, haben die Megalithiker mit ihren Steinwaffen nicht den Hauch einer Chance.

700 bis 15 v. Chr. (Eisenzeit)

Die Bronze wird immer mehr durch Eisen abgelöst, da der neue Werkstoff besser für Werkzeuge und Waffen geeignet ist. Weil im Flachland Ackerbau betrieben werden kann, ist die Region wichtiger als das schroffe Bergland.

259 v. Chr. bis 439 n. Chr. (Römische Epoche)

Die Römer breiten sich im Mittelmeerraum und an der Küste Korsikas immer weiter aus, nehmen Aléria ein und gründen Mariana bei Bastia. Sie vertreiben die Korsen in die Berge. Nach Plänen von Julius Caesar wird Aléria neu aufgebaut. Unter den Römern breitet sich das Christentum auf Korsika aus. Um die teuren Feldzüge zu finanzieren, ist der Sklavenhandel zu dieser Zeit auch von großer wirtschaftlicher Bedeutung. In Raubzügen werden die Korsen aus den Bergen geholt und als Sklaven in Rom verkauft. Die Römer haben mit den stolzen und aufständischen Korsen aber wenig Freude und können auf dem Sklavenmarkt nur Spottpreise erzielen, wie der griechische Geograph Strabo berichtete.

439 bis 535 (Vandalen Epoche)

Die germanisch-stämmigen Vandalen erobern 439 n. Chr. die Küstenstadt Karthago im heutigen Tunesien. Diese ist nach Rom die zweitwichtigste Stadt der Römer. Durch die Eroberung fällt den Vandalen auch die römische Flotte in die Hände. Mit Hilfe der erbeuteten Schiffe werden neben Korsika auch Sardinien und die Balearen erobert. Sie zerstören Aléria, Mariana und weitere Orte auf Korsika, nachdem sie diese geplündert haben.

535 bis 800 (Byzantinische Epoche)

Im Jahre 535 n. Chr. gewinnt der byzantinische Kaiser große Teile der Insel von den Vandalen zurück. Weitere Fremdherrscher der Insel können ihre Macht jeweils nur kurz halten.

Geschichte Korsikas

800 bis 1077 (Sarazenische Epoche)
In Korsika fallen die islamisch-stämmigen Sarazenen ein und besetzen die Küstengebiete. Sie verhindern die Ausbreitung des Christentums und drängen die Bevölkerung ins Landesinnere zurück. Erst durch die Hilfe von Pisa und Genua gelingt es, die Sarazenen von der Insel zu vertreiben.

1077 bis 1284 (Pisanische Epoche)
Der Papst übergibt die Verwaltung Korsikas dem Bischof von Pisa. Damals werden viele Kathedralen und Kirchen im romanischen Stil auf Korsika gebaut. Aus dieser Zeit stammt u.a. die Kathedrale „La Canonica" (1) sowie die 1280 erbaute Kirche „San Michele de Murato" (7). Pisa muss sich immer wieder gegen Genua, das auch Besitzansprüche auf die Insel geltend macht, zur Wehr setzen. Im Jahre 1284 fällt dann die Entscheidung, als Pisa die Seeschlacht von Meloria gegen Genua verliert.

1284 bis 1768 (Genuesische Epoche)
Fast 500 Jahre steht Korsika unter der Herrschaft Genuas. Auch dem Papst war der Sieg Genuas über Pisa ein Dorn im Auge. So kommt es, dass er im Jahre 1296 Korsika an den König von Aragonien abtritt. Aragonien und Genua konkurrieren nun um die Herrschaft auf Korsika.

1348 (Pestepidemie auf Korsika)
Die Pest rafft ein Drittel der Bevölkerung auf Korsika dahin.

14. Jh. (Wasserauffangsystem in Bonifacio)
Um bei Belagerungen unabhängiger zu werden, wird in Bonifacio (55-57) ein ausgeklügeltes Wasserauffangsystem aus gemauerten Verstrebungen und Rohren gebaut. Damit wird Regenwasser von den Dächern aufgefangen und in eine riesige Zisterne unterhalb der Kirche geleitet.

1420 (Treppe wird in Bonifacio in den Fels gehauen)
Im Jahre 1420 wird Bonifacio vom spanischen König Alfons V. von Aragonien belagert. Einer Legende nach sollen die Einwohner in nur einer Nacht eine Treppe (57) in den Fels gehauen haben, um Wasser und Lebensmittel in die Stadt zu bringen.

1451 (Christoph Kolumbus wird geboren)
Christoph Kolumbus, der Seefahrer und Entdecker Amerikas, wird in Calvi geboren (26). Dies ist bis heute jedoch nicht eindeutig bewiesen, da sowohl Calvi als auch Genua behaupten, Geburtsort Kolumbus zu sein und schriftliche Beweise fehlen.

15. Jh. bis 18. Jh. (Seepiraten im Mittelmeerraum)
In dieser Zeit treiben nordafrikanische Seepiraten ihr Unwesen im Mittelmeerraum. Es werden Dörfer (49) überfallen und geplündert. Mehrere tausend Korsen werden als Sklaven nach Algerien verschleppt. Statt Kirchen und Kapellen, wie unter Pisa, werden vom 15. Jh. bis ins 18. Jh. unter den Genuesern vor allem Zitadellen und ca. 150 Wachtürme an der Küste der Insel zu Ver-

Geschichte Korsikas

teidigungs- und Frühwarnzwecken errichtet (46). Auch die Infrastruktur macht unter den Genuesern durch den Bau neuer Straßen und den typischen steinernen Bogenbrücken Fortschritte.

14.03.1676 (Griechische Flüchtlinge in Korsika)

Als die türkischen Besatzer immer weitere Anteile des griechischen Reichs erobern, veranlasst dies immer mehr Griechen zur Flucht. So kommt es, dass am 14.03.1676 drei genuesische Galeeren mit 800 griechischen Flüchtlingen bei Cargèse (39) landen.

06.04.1725 (Pascal Paoli wird geboren)

Am 06.04.1725 wird der spätere Freiheitskämpfer Pascal Paoli in Morosaglia nordöstlich von Corte geboren.

1729 bis 1755 (Unabhängigkeitskrieg auf Korsika)

Durch die Ausbeutung der Korsen wächst die Unzufriedenheit in der Bevölkerung gegen die Herrschaft aus Genua. Es kommt zum Unabhängigkeitskrieg auf Korsika. Etwa 800 deutsche Söldner finden in den Gassen von Calenzana (27) im Jahr 1732 den Tod, als sie dort korsische Widerstandskämpfer aufspüren wollen.

06.01.1735 (Unabhängigkeit Korsikas wird verkündet)

Am 06.01.1735 wird auf der Volksversammlung im Kloster von Orezza (9) die Unabhängigkeit Korsikas ausgerufen. Das bis dahin unter genuesischer Herrschaft regierte Korsika, wird daraufhin von Genua vom Festland isoliert. Es kommen keine Waren und Lebensmittel mehr auf die Insel. Die Isolation zeigt Wirkung und die Not der Korsen wird über die Zeit größer.

12.03.1736 (Baron Theodor von Neuhoff kommt)

In dieser für die Korsen ausweglosen Situation, taucht am 12.03.1736 der in Köln geborene Baron Theodor von Neuhoff (11) mit einem voll mit Waffen und Lebensmittel beladenen Schiff auf, um die Korsen zu unterstützen. Als Dank wird er zum König Theodor I. von Korsika gewählt. Als die Genueser später immer mehr Gebiete auf Korsika zurückerobern können, verlässt Neuhoff die Insel als Priester verkleidet nach nur 7 Monaten Amtszeit.

1755 bis 1769 (Unabhängigkeit Korsikas unter Paoli)

In dieser Zeit bestimmen die Korsen unter Pascal Paoli (4,7,8, 16,18) über Korsika. Am 14.07.1755 wird er auf der Volksversammlung zum General der korsischen Nation gewählt. Er ernennt Corte zur Hauptstadt Korsikas, baut Schulen und die Universität und kümmert sich um die Belange der Bevölkerung. Er erarbeitet für das unabhängige Korsika eine demokratische und für damalige Verhältnisse sehr fortschrittliche Verfassung. Es gelingt ihm zunächst, die Genuesen immer weiter zu vertreiben und seine Macht zu stabilisieren.

15.05.1768 (Genua verkauft Korsika an Frankreich)

Das geschwächte Genua, das die Macht verloren hat, verkauft die Rechte an Korsika im Vertrag von Versailles an Frankreich.

Geschichte Korsikas

1768 (Letzter Widerstand im Turm von Nonza)
Der Hauptmann Casella von General Paoli leistet im Turm von Nonza (4) als einer der Letzten erbitterten Widerstand gegen das immer weiter vorrückende französische Heer.

08.05.1769 (Frankreich besiegt die Korsen)
Die Korsen kämpfen gegen ihre neuen Herrscher, müssen sich aber am 08.05.1769 in der Schlacht bei Ponte Novu (8) gegen die größere und besser ausgerüstete französische Armee geschlagen geben. Paoli flüchtet ins Exil nach London.

15.08.1769 (Napoleon Bonaparte wird geboren)
Napoleon wird am 15.08.1769 in Ajaccio auf Korsika geboren. In seinem Geburtshaus ist heute ein Museum (42) eingerichtet.

1804 (Napoleon wird französischer Kaiser)
Napoleon, der sich als Feldherr Ruhm erworben hat, wird in der Kathedrale Notre Dame de Paris zum franz. Kaiser gekrönt.

07.12.1878 bis 03.12.1894 (Eisenbahn wird gebaut)
Der Großteil des Eisenbahnnetzes wird auf Korsika gebaut. Gustave Eiffel, der Erbauer des Pariser Eiffelturm, baut den Vecchio-Viadukt (12) zwischen Corte und Vizzavona.

1914 bis 1918 (Erster Weltkrieg)
Über 30.000 Korsen fallen im ersten Weltkrieg.

1918 (Der letzte Einwohner Occis stirbt)
Der letzte Einwohner des Bergdorfes Occis (25) verstirbt. Das Dorf verfällt seitdem immer mehr, bis auf die restaurierte Kirche.

1939 bis 1945 (Zweiter Weltkrieg)
Mit einem U-Boot werden in der Nacht vom 06. auf den 07.02.1943 am Strand von Arone (38) Waffen und 100 Elitesoldaten an Land gebracht, um den korsischen Widerstand gegen die 100.000 italienischen und deutschen Soldaten auf Korsika zu unterstützen. Im Herbst 1943 werden die italienischen und deutschen Truppen von französischen Truppen von der Insel vertrieben.

05.05.1976 (Untergrundbewegungen bilden sich)
Die Untergrundbewegungen „FLNC" wird gegründet. Diese bekannteste, aber auch andere Autonomiebewegungen, kämpfen für die Unabhängigkeit Korsikas und verüben unter anderem blutige Bombenanschläge, ohne jedoch direkt Touristen anzugreifen.

1983 (Auflösung der Untergrundbewegung „FLNC")
Die FNLC wird durch die französische Regierung aufgelöst.

06.02.1998 (Attentat in Ajaccio auf einen Politiker)
In Ajaccio wird der hochrangige Politiker Claude Erignacs auf offener Straße erschossen. Einige Tage später gehen 40.000 Menschen in Ajaccio auf die Straße, um gegen die Gewalt zu protestieren.

Wandern auf Korsika

Die beste Reisezeit für Küstenwanderungen auf Korsika, wie die zum Capu Rossu (37) oder in die Calanche (34,35) ist von Mai bis Juni. Es ist noch nicht so heiß, wie im Hochsommer, die meisten Unterkünfte haben bereits geöffnet und vieles blüht wunderschön. Die Zeit von September bis November eignet sich ebenfalls gut für Küstenwanderungen.

Bergwanderungen, wie die zum Lac de Melu und zum Lac de Capitellu (13) auf über 2.000 m Höhe sollte man am besten im Sommer unternehmen. Dann ist es hier oben bei den Seen meist angenehm kühl. Der Sommer eignet sich auch ideal für Wanderungen in den Flusstälern, wie dem Restonica-Tal (14), dem Asco-Tal (14), dem Golo-Fluss (33) oder dem Fango-Tal (28). In den vielen Badegumpen kann man sich herrlich erfrischen oder auf den Felsen sonnen. Auf Korsika gibt es auch einige Veranstalter, die geführte Wandertouren anbieten. Auskünfte erteilen die Touristeninformationen in den Orten oder man fragt direkt im Hotel an der Rezeption. Viele Hotels arbeiten mit speziellen Tourenanbietern zusammen.

In diesem Buch beschriebene Wanderungen:
6. Küstenwanderung zum Strand von Lotu und Saleccia
13. Bergtour zum Lac de Melu und Lac de Capitellu
30. Küstenwanderung nach Girolata
33. Bergwanderung zum Wasserfall „Cascades de Radule"
37. Küstenwanderung zum Capu Rossu

Empfehlungen für Wanderungen auf Korsika:
- Nicht zu spät zur Wanderung aufbrechen, um nicht in die Dunkelheit zu geraten.
- Bei größeren Touren möglichst früh morgens starten, dann sind die Temperaturen meist noch angenehm und es ist weniger los auf den Wanderpfaden.
- Die Mittagssonne in den heißen Sommermonaten meiden.
- Sonnenschutz und Kopfbedeckung nicht vergessen.
- Der Witterung und Jahreszeit angemessene Kleidung tragen. Speziell in den Bergen kann das Wetter schnell umschlagen.
- Einen Wanderführer und eine gute Landkarte mitnehmen.
- Genug Wasser und Proviant im Rucksack haben.
- Wanderschuhe oder geeignetes Schuhwerk anziehen.
- Wasserfeste Trekkingsandalen mit griffiger und fester Sohle für Flusstalwanderungen mitnehmen.
- Nicht alleine wandern gehen.
- Die Natur so hinterlassen, wie man sie vorgefunden hat.
- In schwierigem Gelände nur geführte Touren machen.
- Erste-Hilfe-Set mitnehmen.
- Keine unnötigen Risiken eingehen und die Tour im Zweifelsfall lieber abbrechen.
- Für die auf der nächsten Seite beschriebenen Wanderungen sind gute Kondition, Trittsicherheit, Schwindelfreiheit und Bergerfahrung sowie eine entsprechende Ausrüstung erforderlich. Diese Wanderungen eignen sich nur für geübte Wanderer mit den nötigen Kenntnissen.

Kurzbeschreibung Mehrtages-Wandertour

Fernwanderweg GR20:
- Start: Colenzana oder Conca
- Ziel: Conca oder Colenzana
- Anzahl der Etappen: mind. 15 Tagesetappen
- Markierung: rot-weiß
- Gutes Kartenmaterial erforderlich

Dieser anspruchsvolle Wanderweg führt über die höchsten Berge Korsikas. Zwischen Mitte Juni und Ende Oktober sollte diese Fernwanderung unternommen werden. Da der Großteil der Strecke durch die Natur führt, gibt es nur wenig Einkaufs- und Versorgungsmöglichkeiten. Wanderer sollten daher immer Verpflegung für mind. 3 Tage mit sich führen und dabei beachten, den Rucksack trotzdem nicht zu schwer zu packen, damit die Wanderfreude nicht unter dem Gewicht leidet. Am Ende jeder Etappe stehen Selbstversorgerhütten (Refuge) für die Wanderer zur Verfügung. Es empfiehlt sich jedoch, ein kleines Zelt mitzunehmen, da die wenigen Unterkünfte, speziell im Hochsommer, schnell belegt sein können. Das Zelten ist auf dem GR20 nur auf den dafür ausgewiesenen Bereichen bei den Schutzhütten erlaubt.
Atemberaubende Aussichten, der Duft nach wilder Macchia und unterschiedlichste Landschaften sind der Lohn für die schweißtreibende Wanderung. Diese Tour ist kein Spaziergang und nur für erfahrene Bergwanderer mit einer entsprechenden Kondition und Ausrüstung geeignet.

Fernwanderweg Mare e Monti Nord:
- Start: Calenzana oder Cargese
- Ziel: Cargese oder Calenzana
- Anzahl der Etappen: mind. 11 Tagesetappen
- Markierung: orange
- Gutes Kartenmaterial erforderlich

Diese Fernwanderung zwischen Meer und Bergen ist nicht so anspruchsvoll wie der GR20. Im Gegensatz zum GR20 führt die Strecke jeden Tag durch kleine Dörfer. Das hat den großen Vorteil, dass man sich öfter und einfacher mit Lebensmitteln eindecken kann und dadurch nicht so viel Gewicht im Rucksack mitschleppen muss. In den Dörfern gibt es zudem Übernachtungsmöglichkeiten. Besonders in Küstennähe kann es aber in den Sommermonaten sehr heiß werden. Die ideale Zeit für eine Wanderung auf dem Mare e Monti Nord sind daher die Monate Mai und Juni, wenn vieles blüht und die Macchia intensiv duftet oder in der Nachsaison ab September oder Oktober.

Von Calenzana (27) führt die Strecke mit erfrischenden Badegumpen in südwestlicher Richtung durch das Fango-Tal (28) weiter an die Küste bei Galéria. Von dort geht es über den nur zu Fuß oder per Boot erreichbaren Ort Girolata (30), mit traumhaften Aussichten auf die Küste, weiter durch die Vitrone-Schlucht bei Ota und die spektakuläre Spelunca-Schlucht bei Evisa. Nach Evisa verläuft der Pfad wieder in Richtung Küste und endet in Cargèse (39).

Essen und Trinken

Frühstück

Für die Korsen ist es nicht üblich, ausgiebig zu frühstücken, wie wir es kennen. Die Korsen frühstücken eher bescheiden. Meist gibt es nur einen Milchkaffee „café au lait" und ein Croissant. Daher fällt das Frühstück in vielen Unterkünften und Hotels auch entsprechend einfach aus.

Mittag- und Abendessen

Die Korsen lieben die Geselligkeit. Nur selten wird alleine gegessen. Meist isst man zusammen mit der Familie oder mit Freunden in lockerer Runde. Besonders im Sommer wird es mittags recht heiß. Die Restaurants haben in der Regel zwischen 12:00-14:00 Uhr geöffnet. Die Mittagszeit hat für die Korsen einen hohen Stellenwert. Durch die ausgiebige Mittagspause gehen die Korsen auch abends später Essen, wenn es wieder etwas kühler ist. Dies ist zwischen 19:30-22:00 Uhr. Gegessen wird dann meist ausgiebig in mehreren Gängen. Als Aperetif wird gerne ein Likör serviert. Käse oder ein süßes Dessert bilden den Abschluß. Die korsische Küche ist deftig und sehr abwechslungsreich. Das Mittag- und Abendessen in den Restaurants ist meist vorzüglich und oft auch entsprechend teuer. Das Tagesgericht „plat du jour" ist da meist eine günstigere und gute Alternative. Ebenfalls günstiger ist das Essen in einer Pizzeria. Beim Bezahlen lässt man ca. 1-2€ pro Person diskret auf dem Tisch liegen. Es ist unüblich, getrennt zu bezahlen und dem Kellner das Trinkgeld direkt zu geben.

Fisch

Meeres- und Schalentiere sind sehr beliebt auf Korsika. Die Langusten werden oft am Cap Corse bei Port de Centuri gefangen. Muscheln „moules" werden ebenfalls gerne gegessen. Ansonsten findet man auf der Speisekarte auch Meeresfische wie Goldbrasse „dorade", Seeteufel „lotte", Wolfsbarsch „loup de mer", Meerbarbe „rouget" oder Forelle „truite" aus dem Bach.

Fleisch

Eine Spezialität auf Korsika ist das Fleisch der Wildschweine „sanglier", die in den bergigen und ländlichen Gebieten zahlreich in den Wäldern leben. Als Vorspeise wird auch gerne eine gemischte Schinken- und Wurstplatte „charcuterie corse" angeboten. Zicklein „cabri" und Lamm „agneau" stehen ebenfalls oft auf der Speisekarte. Das Fleisch wird auf Korsika meist mit frischen Kräutern aus der Macchia wie Rosmarin, Majoran und Thymian gewürzt und dann geräuchert oder gebraten.

Gemüse

Da die Korsen gerne Fisch oder Fleisch essen, gibt es rein vegetarische Gerichte eher selten auf Korsika. Selbst in der korsischen Gemüsesuppe „Soupe Corse" ist Speck enthalten.

Getränke

Auf Korsika gibt es mehrere Weinanbaugebiete (54) sowie ein mit Kastanienmehl gebrautes Bier namens „Pietra".

Kulinarisches Wörterbuch

Guten Appetit = bon appétit
Prost = À votre santé !

Fisch = poisson
Goldbrasse = dorade
Garnelen = gambas, crevettes
Wolfsbarsch = loup de mer
Seeteufel = lotte
Muscheln = moules
Languste = langouste
Forelle = truite

Fleisch = viande
Huhn = poulet
Ente = canard
Lamm = agneau
Schwein = porc
Wildschwein = sanglier
Zicklein = cabri
Rind = bœuf
Kalb = veau

Gemüse = légumes
Kartoffeln = pommes de terre
Zwiebel = oignon
Knoblauch = aïl

Salz = sel
Pfeffer = poivre
Öl = huile
Essig = vinaigre

Wasser = eau
Bier = bière
Wein = vin
Weißwein = vin blanc
Rotwein = vin rouge
Tee = thé
Kaffee = café
Milch = lait
Zucker = sucre

Obst = fruits
Wassermelone = pastèque
Honigmelone = melon
Apfel = pomme
Trauben = raisin

Brot = pain
Butter = beurre
Ei = œuf
Käse = fromage
Schinken = jambon

Bedienung = s'il vous plaît, Madame (Monsieur)
Die Karte bitte = La carte, s'il vous plaît
Die Rechnung bitte = L'addition, s'il vous plaît

Frühstück = petit déjeuner
Mittagessen = déjeuner
Abendessen = dîner
Tagesgericht = plat du jour

Vorspeisen = entrées
Fleischpastete = pâté de viande
Gefüllte Blätterteigtaschen = bastelle
Geräuchertes Schweinefleisch = coppa
Roher Schinken = prizuttu
Gemüsesuppe = minestra
Fischsuppe = bouillabaisse

Hauptspeisen = plat principal
Auflauf = gratin
Schnitzel = escalope
Gebratenes Hähnchen = poulet

Nachspeisen = dessert
Eis = glace
Pudding = flan
Kuchen = gâteau

Minimal-Wortschatz

Guten Morgen = bonjour
Guten Abend (Begrüßung) = bonsoir
Gute Nacht (zum Abschied) = bonne nuit
Hallo = bonjour/salut
Tschüss = au revoir/salut

Bitte schön = s'il vous plaît
Danke schön = merci
Entschuldigung = pardon
Guten Appetit = bon appétit
Prost = à votre santé

Abfahrt = départ
Ankunft = arrivée
Flughafen = aéroport
Hafen = port
Bahnhof = gare
Taxi = taxi
Bus = bus/car
Auto = voiture
Schiff = bateau

die nächste Straße = la prochaine rue
die übernächste Straße = la rue suivante
links = à gauche
rechts = à droite

Bank = banque
Museum = musée
Brücke = pont
Schlucht = gorge
Strand = plage

1 = un
2 = deux
3 = trois
4 = quatre
5 = cinq
6 = six
7 = sept
8 = huit
9 = neuf
10 = dix
100 = cent
1000 = mille

heiß/kalt = chaud/froid
gut/schlecht = bon/mauvais
klein/groß = petit/grand
oben/unten = en haut/en bas
billig/teuer = pas cher/cher
viel/wenig = beaucoup/peu
weit/nah = loin/près

Haben Sie... = Avez-vous…
...ein Zimmer? = ...une chambre?
Um wie viel Uhr? = À quelle heure?
Wieviel kostet es? = C'est combien?
Wo sind wir jetzt? = Où sommes-nous maintenant?

Montag = lundi
Dienstag = mardi
Mittwoch = mercredi
Donnerstag = jeudi
Freitag = vendredi
Samstag = samedi
Sonntag = dimanche

heute = aujourd'hui
morgen = demain
gestern = hier

geöffnet = ouvert
geschlossen = fermé

Ja = oui
Nein = non

Sprechen Sie englisch? = Parlez-vous anglais?
Sprechen Sie deutsch? = Parlez-vouz allemand?

Für den Notfall

Achtung = attention
Hilfe = au secours
Helfen Sie mir bitte = aidez-moi, s'il vous plaît

Ich habe eine Panne = j'ai une panne
Ich habe kein Benzin = je n'ai plus d'essence

Wo ist die/der/das nächste... = Où est...
...Tankstelle = ...la station-service la plus proche?
...Geldautomat = ...le distributeur de billets?
...Apotheke = ...la pharmacie la plus proche?
...Arzt = ...le médecin le plus proche?
...Zahnarzt = ...le dentiste le plus proche?
...Krankenhaus = ...l'hôpital le plus proche?
...Zimmer = ...la chambre la plus proche?

Rufen Sie bitte... = Appelez s'il vous plaît...
...Krankenwagen = ...l'ambulance
...Feuerwehr = ...les pompiers
...Polizei = ...la police

Ich habe ... = J'ai...
...Kopfschmerzen = ...mal à la tête
...Bauchschmerzen = ...mal au ventre
...Zahnschmerzen = ...mal aux dents
...Durchfall = ...la diarrhée

Telefonnummern für den Notfall:
Notruf: 112
Krankenwagen: 15
Polizei: 17
Feuerwehr: 18

ADAC 24 Std.-Notrufnummer in München:
• Fahrzeugschaden: 0049 89 222222
• Krankheit/Verletzung: 0049 89 767676
Mietwagenstationen haben meist eine eigene Notrufnummer

Deutsches Konsulat:
338 Avenue du Prado F-13295 Marseille Cedex 08
Tel.: +33 (0) 491 167 520

Österreichische Botschaft:
6 rue Fabert F-75007 Paris
Tel. +33 (0) 140 633 063

Schweizer Konsulat:
7 rue d'Arcole F-13006 Marseille
Tel.: +33 (0) 496 101 410

Sperrung von Handy-, EC- und Kreditkarten (24-Stunden-Service):
Zentraler Annahmedienst in der BRD: +49 116116 oder +49 304050 4050
Wichtiger Hinweis: Kartensperrung ausländischer Anbieter so nicht möglich!

Reise- und Klimatabelle

	Jan	Feb	Mär	Apr	Mai	Jun	Jul	Aug	Sep	Okt	Nov	Dez
Tagestemperatur Ø	12°C	14°C	16°C	19°C	21°C	24°C	28°C	29°C	26°C	22°C	18°C	14°C
Nachttemperatur Ø	3°C	4°C	6°C	7°C	11°C	14°C	16°C	17°C	15°C	11°C	8°C	4°C
Wassertemperatur Ø	14°C	13°C	14°C	15°C	17°C	20°C	23°C	24°C	23°C	21°C	17°C	15°C
Sonnenstunden Ø	4	5	6	7	10	11	12	12	9	7	5	4
Sonnenaufgang ca.	7:50	7:20	*6:35	6:40	6:05	5:50	6:05	6:35	7:05	*7:35	7:15	7:40
Sonnenuntergang ca.	17:25	18:00	*18:30	20:05	20:40	21:00	20:55	20:25	19:35	*18:45	17:05	16:55
Regentage Ø	9	9	8	7	5	3	1	2	4	7	9	9
Wanderungen	-	-	-	o	+	+	o	o	+	o	o	-
Sightseeing	-	-	-	o	+	+	o	o	+	+	o	-
Baden	-	-	-	-	o	+	+	+	+	+	o	-

+ in diesem Monat gut geeignet
- in diesem Monat schlecht geeignet
o in diesem Monat eingeschränkt geeignet   * Umstellung Sommer- / Winterzeit

Reisezeit

Wetter
Auf Korsika gibt es pro Jahr ca. 230 Sonnentage. Von November bis März kann es auf Korsika öfter regnen und in den Höhenlagen auch schneien. Viele Unterkünfte auf Korsika haben keine Heizung und sind in diesen Monaten geschlossen. Ein Reiseziel, um den kalten Wintermonaten zu entfliehen, ist Korsika daher nicht. Im April wechseln sich Sonnen- und Regentage häufig ab. Das Frühjahr fängt nun an.

Die Reisesaison beginnt ab Anfang Mai. Die Insel ist im Mai und Juni wunderschön grün und alles blüht. Es wird zunehmend sonniger und es ist noch recht wenig los auf Korsika. Abends kann es etwas kühl werden. Die Berggipfel sind oft bis zum Sommerbeginn schneebedeckt.

In den Sommermonaten ist das Wetter fast immer sonnig und heiß. An der Küste kann das Thermometer im Juli und August auch mal über 35°C klettern. Tendenziell ist es im Süden Korsikas etwas um ca. 2-3°C wärmer als im Norden der Insel. Im Sommer herrscht eine trockene Hitze auf Korsika.

Von September bis Oktober wird es wieder ruhiger und die Nachsaison beginnt. Es ist meist noch schön warm, aber auch karg durch den trockenen Sommer. Im November wird es zunehmend regnerisch und kalt. Die meisten Touristen haben die Insel verlassen und für die Einheimischen kehrt Ruhe ein.

Beste Reisezeit für Badefans
Für Badefans ist die Zeit von September bis Oktober am besten geeignet. Das Meer hat angenehme Temperaturen und es ist tagsüber nicht mehr ganz so heiß und überlaufen wie im Juli und August. Durch die heißen Sommermonate wird es ab Juli recht trocken auf Korsika.

Beste Reisezeit für Naturliebhaber
Von Mai bis Juni ist die Insel schön grün, alles blüht und es ist noch nicht viel los. Auch die Temperaturen sind zum Wandern ideal. Besonders zu Beginn dieser Zeit kann das Wetter etwas durchwachsen sein. In den Höhenlagen wird es abends kühl. Einige Bergtouren sind noch nicht oder nur eingeschränkt möglich, da noch zuviel Schnee liegt. Für Küstenwanderungen ist die Vorsaison ideal geeignet. Das Meer ist durch die kälteren Wintermonate noch frisch und zum Baden nur eingeschränkt geeignet.

Beste Reisezeit für Kulturinteressierte
Reisende, die sich vor allem die Städte, Museen und Ausgrabungen anschauen möchten, finden von Mai bis Juni sowie von September bis Oktober hierzu ideale Bedingungen. Wer den Urlaub mit schönen Wanderungen verbinden möchte, sollte Korsika von Mai bis Juni besuchen. Wer sich als Ausgleich lieber sonnen und im Meer baden möchte, der sollte im September oder Oktober nach Korsika reisen.

Reiseinformationen

Apotheken
Apotheken gibt es in den größeren Städten. Sie werden „Pharmacie" auf Korsika genannt.

Einreise
Deutsche, Österreicher und Schweizer benötigen einen Personalausweis oder Reisepass zur Einreise.

Geld
In Frankreich wird mit Euro gezahlt. Geld bekommt man am besten mit der EC-Karte am Geldautomaten.

Krankenhaus
In Ajaccio, Bastia, Bonifacio, Corte und Sartène gibt es ein Krankenhaus. Die Behandlungskosten müssen in der Regel vor Ort gezahlt werden und können anschließend anhand der Quittung bei der Krankenkasse eingereicht werden.

Kriminalität
Leider werden auf Korsika immer wieder Autos aufgebrochen. Es empfiehlt sich, keine Wertgegenstände im Auto zu lassen und zur Demonstration das leere Handschuhfach zu öffnen.

Öffnungs- und Abfahrtszeiten
Öffnungs- und Abfahrtszeiten können sich auf Korsika schnell ändern. Die im Buch angegebenen Zeiten können daher nur als Anhaltspunkt dienen. Montags ist oft Ruhetag. Außer in Restaurants ist zwischen 12:00-14:00 Uhr Mittagspause auf Korsika.

Strom
Auf Korsika gibt es ein 220 Volt Stromnetz. Deutsche Stecker passen meist, zur Sicherheit sollte man aber lieber einen Adapterstecker mitnehmen.

Telefon
Vorwahl von Deutschland nach Korsika 0033 495
Vorwahl von Österreich nach Korsika 0033 495
Vorwahl von der Schweiz nach Korsika 0033 495
Vorwahl von Frankreich (Korsika) nach Deutschland 0049
Vorwahl von Frankreich (Korsika) nach Österreich 0043
Vorwahl von Frankreich (Korsika) in die Schweiz 0041

Bei Gesprächen aus dem Ausland nach Korsika muß die 0033 für Frankreich und dann 495 für Korsika gewählt werden. Bei der anschließenden 6-stelligen Rufnummer muß die 0 zu Beginn weggelassen werden. Aus Korsika wählt man ohne die Ländervorwahl direkt die 0495... für Nummern in Korsika.

Trinkgeld
Im Restaurant lässt man ca. 1-2€ pro Person diskret auf dem Tisch liegen. Es ist unüblich getrennt zu bezahlen und dem Kellner das Trinkgeld direkt zu geben.

Impressum

Fotografien: Ralph von Bordelius
Texte: Ralph von Bordelius
Design & Layout: Ralph von Bordelius
Softwaretechnische Unterstützung: Marc Schmidt
Kartografie: Angelika Solibieda, Karlsruhe
Druck: Ratz Werbung+Druck GmbH
      Schönaich - Printed in Germany

Erschienen im:
Ralph von Bordelius Verlag
Bahnhofstr. 14
75378 Bad Liebenzell

E-Mail: info@bordelius-verlag.de
Internet: www.bordelius-verlag.de

ISBN 978-3-943130-04-1
3. überarbeitete Auflage 2016

Ich möchte mich ganz herzlich bei allen bedanken, die mich bei der Erstellung dieses Reiseführers unterstützt haben.

Übersicht: Orte und Sehenswürdigkeiten

	1	2	3	4	5	6	7	8	9	10	11	12	13	14	15	16	17	18	19	20	21	22	23	24	25	26	27	28	29	30	31	32	33
Ausflugstipp						●				●		●		●					●				●	●				●	●		●	●	
Aussichtsziel	●		●	●			●	●			●		●				●	●		●	●	●	●	●	●				●	●		●	●
Bergdorf			●				●	●		●	●						●			●	●	●	●	●		●	●						
Campingplatztipp	●													●			●		●					●			●						
Einkaufstipps			●												●			●		●		●				●							
Geschichte	●		●	●			●	●	●	●	●				●	●		●			●	●	●	●	●	●	●						
Museumstipp									●						●	●																	
Orte	●	●	●	●	●		●	●			●				●	●		●		●	●	●	●	●	●	●	●		●		●		
Restauranttipp				●	●										●			●		●	●	●				●		●			●	●	
Strandtipp				●	●	●											●		●			●			●			●		●	●		
Unterkunftstipp	●	●			●												●	●			●			●			●						●
Wandertipp						●				●		●	●	●											●			●	●		●	●	●

	34	35	36	37	38	39	40	41	42	43	44	45	46	47	48	49	50	51	52	53	54	55	56	57	58	59	60	61	62	63	64	65	66
Ausflugstipp							●			●		●			●		●		●		●		●	●	●		●			●		●	●
Aussichtsziel	●	●	●	●		●	●			●				●	●			●	●		●		●			●				●	●		
Bergdorf					●														●														
Campingplatz					●						●				●								●	●						●	●	●	●
Einkaufstipp														●		●														●		●	
Geschichte					●	●	●		●	●		●	●		●	●	●		●		●	●	●				●	●					●
Museumstipp								●	●			●			●	●			●														
Orte			●			●	●	●	●					●	●	●			●			●	●				●	●					
Restauranttipp			●		●						●							●		●					●			●					
Strandtipp			●		●	●	●				●		●	●	●				●			●			●	●	●			●	●	●	
Unterkunftstipp			●		●						●		●	●					●														
Wandertipp	●	●		●		●											●						●				●						●

Register A-M

Register M-Z

Ich hoffe, Sie hatten Dank diesem Reiseführer eine erholsame Zeit auf Korsika und konnten viele schöne Eindrücke sammeln und genussvolle Momente erleben. In der heutigen schnelllebigen Zeit können sich Gegebenheiten vor Ort schnell ändern. Besitzer wechseln, Restaurants oder Sehenswürdigkeiten schließen oder ändern ihre Öffnungszeiten und Kontaktdaten.

Haben Sie auf Ihrer Reise durch den Schwarzwald besonders schöne Orte, Aussichtsplätze, Kapellen, Badeseen, Wanderungen entdeckt oder auch einen besonderen Restaurant- oder Übernachtungstipp, der gut in diesen Reiseführer passen würde? Sie haben Anregungen, Hinweise für Korrekturen, Lob oder Kritik?

Dann schreiben Sie mir. Meine Kontaktdaten finden Sie auf Seite 171.
Ich freue mich auf Ihr Feedback!

Ihr Ralph von Bordelius

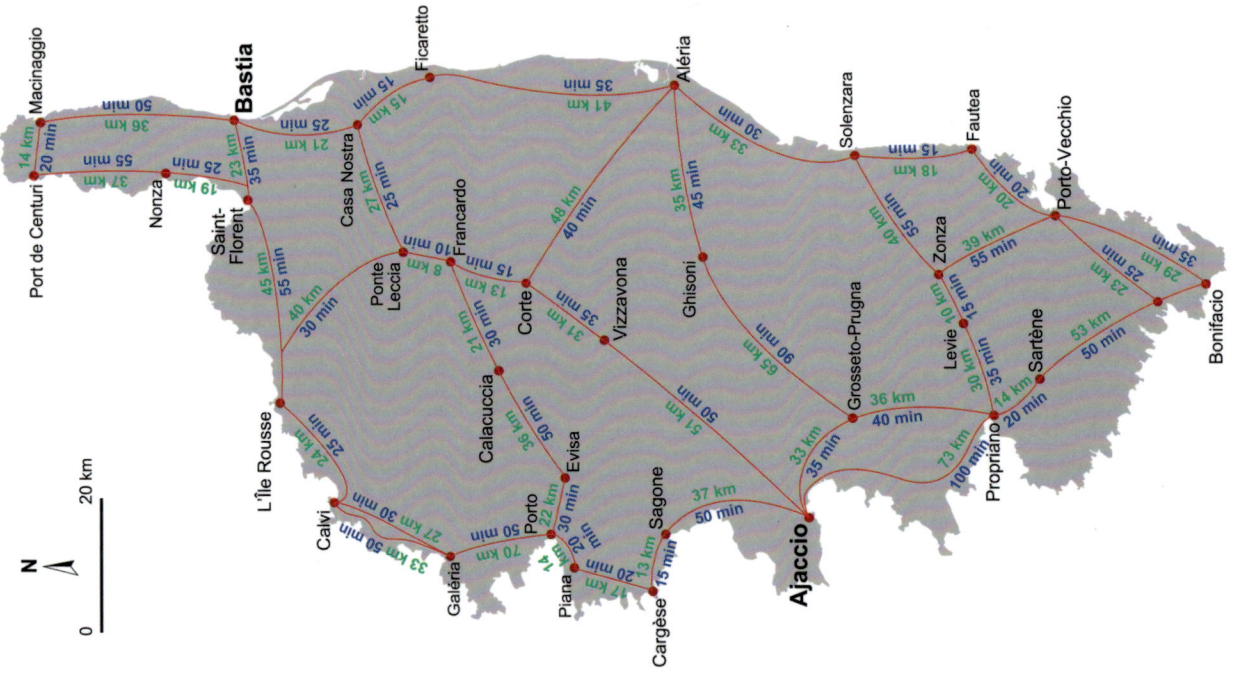